"오늘 대한민국을 설교하라"

**오늘
대한민국을
설교하라**

© 생명의말씀사 2015

2015년 10월 15일 1판 1쇄 발행

펴낸이 | 김재권
펴낸곳 | 생명의말씀사

등록 | 1962. 1. 10. No.300-1962-1
주소 | 서울시 종로구 경희궁1길 5-9(03176)
전화 | 02)738-6555(본사) · 02)3159-7979(영업)
팩스 | 02)739-3824(본사) · 080-022-8585(영업)

지은이 | 박영근

기획편집 | 서정희, 김세나, 장주연
디자인 | 최윤창, 윤보람
인쇄 | 영진문원
제본 | 정문바인텍

ISBN 978-89-04-07132-6 (03230)

저작권자의 허락없이 이 책의 일부 또는 전체를
무단 복제, 전재, 발췌하면 저작권법에 의해 처벌을 받습니다.

大韓民國

"오늘 대한민국을 설교하라"

커뮤니케이션 학자가 제안하는
평신도와 소통하는 설교 작성 방법론

박영근 지음

생명의말씀사

목차

추천사 • 8

머리말 • 12

들어가며_ 설교자가 왜 수사학을 배워야 하는가? **•** 26

- 킬링 포인트는 러빙 포인트다
- 수평적 커뮤니케이션도 중요하다
- 하늘의 기쁜 소식(good news)을 오늘의 뉴스와 이어주라
- 로고스, 파토스, 에토스가 왜 필요한가

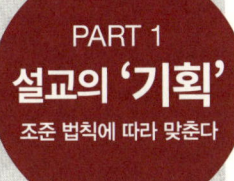

**PART 1
설교의 '기획'**
조준 법칙에 따라 맞춘다

설교, 목표와 코드를 맞추는데서 시작하라 · 53

01 목표, 하나님의 뜻에 맞추라 · 55
- 'How' 보다 'Why'가 먼저다
- 목표로부터 역산하라
- 분명한 목표를 문장으로 적어라
- 성도들의 수준을 파악하라

02 코드, 성도들의 마음에 맞추라 · 67
- 사람 낚는 어부로 부르심을 받은 설교자
- 설교는 '성공'을 위한 가르침이 아니다
- 은유의 옷을 입은 진리로 다가가라
- 자기를 비워 종의 형체를 가지신 예수를 기억하라
- 이해하지만 동의하지는 않는다
- 코드를 맞추지 못하는 세 가지 이유

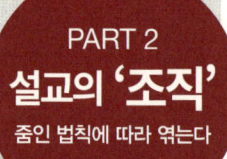

PART 2
설교의 '조직'
줄인 법칙에 따라 엮는다

설교의 전체 그림을 그리고 조직화하라 · 87

03 명확한 메시지를 원한다면 조직화가 필요하다 · 89

- 착오 방지, 중복 방지, 누락 방지를 위해 조직화하라
- 전체 지향적 사고! 줌인(Zoom-In) 법칙을 기억하라

04 설교를 조직화하기 위한 6가지 방법 · 93

- '로직 트리'(logic tree)에 기초하라 (부분 집합형)
- 시간의 흐름에 따라 정리하라 (단계별 변신형)
- 비교를 통해 한 사건의 양면을 보여줘라 (개념 대조형)
- 아름다운 연꽃을 강조하려면 진흙을 먼저 이야기하라
  (문제 제기-해결 방안 소개형)
- 제안을 뒷받침할 증거를 대라 (세일즈맨 기법)
- 성도의 입장에서 질문을 예상하라 (상식적인 기법)

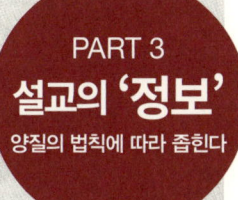

**PART 3
설교의 '정보'**
양질의 법칙에 따라 좁힌다

최고의 설교를 위해 정보를 요리하라 · 107

05 설교자에게는 정보의 그물이 필요하다 · 109

- 너는 일어나 부지런히 책을 읽어라
- 정보를 낚아 올리는 법
- 신문을 읽는 7가지 노하우

06 최고의 설교를 위한 5가지 정보 요리법 · 127

- 관찰 단계 – 낙엽 하나로 가을이 왔다는 것을 알 수 있다(한큐법)
- 비교 단계 – 옛것과 새것을 비교하라(원근법)
- 비교 단계 – 밝고 어두운 것을 비교하라(명암법)
- 분석 단계 – 물을 마실 때 샘을 생각하라(해부법)
- 예측, 처방 단계 – 촌철살인으로 변화시켜라(발효법)

나가며 · 209

| 추천사 |

박영근 교수님의 신간 저서를 대하면서 떠오르는 생각입니다. 설교학 강의실에서 청중과의 소통을 위해 커뮤니케이션의 지식과 통찰을 언급할 때마다, 항상 수강자들은 설교의 세속화에 대한 반감과 인본주의적 설교 경향에 대한 저항을 표현합니다. 설교의 예언자적 선포적 성격과 말씀의 계시성을 간과하는 것으로 여기기 때문입니다.

아시다시피 설교에서 수사학을 말하게된 것은 현대 교회의 새로운 트렌드가 아닙니다. 이미 초대교회의 위대한 두 교부 어거스틴과 존 크리소스톰이 강조했던 바입니다. 수사학자였던 어거스틴에게는 청중에 대한 지식은 기본이었습니다. 그는 세속 수사학을 최초로 설교학에 적용하면서 설교자들이 청중을 설교의 대상으로 여기는 것 뿐 아니라, 청중의 마음의 움직임을 헤아리며 영향을 줄 수 있는 훈련이 필요함을 역설했습니다. 그래서 설교학에서 작성과 전달이 중요한 요소로 자리를 잡게 된 것입니다. 존 크리소스톰 역시 설교자들이 청중의 움직임에 반응하는 문제에 대해 격하게 충고했습니다.

『오늘 대한민국을 설교하라』는 위대한 두 교부가 강조했던 청중의 마음의 움직임을 헤아리며, 청중의 움직임에 반응하는 문제를 풀고자하는 설교자들에게 실마리를 제공해 줄 것입니다. 이 책에는 저자가 한국 사회의 경제계, 정치계, 공무원, 그 외 각 계 각층의 다양한 사람들과 직접 대면하며 그들의 숨소리와 마음의 진동을 느끼며 한 강의마다 반응해 온 통찰과 지혜가 담겨있습니다. 따라서 성도들의 삶에 새로움과 변화와 성숙을 기대하는 설교자, 다음 세대 사역을 위해 청중들과 호흡을 같이하며 결실하기를 기대하는 사역자들이 메시지 작성과 소통을 위해 가져야 할 필수적인 지침과 안내를 발견할 것입니다.

김세광 | 서울장신대학교 예배설교학 교수, 일반대학원장

커뮤니케이션 전문가 박영근 교수가 커뮤니케이션으로서의 설교에 손을 댔다. 학제간의 교류를 통해 위기에 빠진 한국 강단을 구해야 하는 작업이 절실했는데 박영근 교수가 반가운 첫걸음을 내디뎠다. 설교학자의 벽 너머에서 설교를 비추니 오히려 흐릿했던 사각이 뚜렷하게 드러났다. 설

교의 조직과 전달에서 그가 제공하는 지침만 참조해도 설교자들에게는 큰 도움이 될 것이다. 설교를 살리고 싶은 설교자들에게 설교 밖에서 설교를 보는 이 책을 강력히 추천한다.

정인교 | 서울신학대학교 설교학 교수, 전 한국설교학회장

박영근 교수의 강의와 글은 대한민국의 지성과 신앙을 깨우는 보배와 같은 역할을 한다. 그는 항상 신선한 도전과 자극으로 우리를 현재의 자리에 머물도록 내버려 두지 않는다. 항상 깨어 제 역할을 다하도록 이끌어 준다. 그의 전문성과 열정이 이제 이 책을 통하여 우리 교회와 목회자들에게 조국, 대한민국을 구체적으로 섬기도록 지평을 넓혀줄 것이다. 또한 방법론까지 제시함에 감사하는 마음이 참으로 크다.

커뮤니케이션 영역의 탁월한 제사장으로 쓰임 받는 이가 말씀 선포를 위해 부름 받은 제사장들을 섬기려는 마음이 이 책을 가능케 하였다고 생각한다. 바라기는 하나님 말씀의 온전한 소통으로 대한민국의 교회와 사

회가 올바로 세워졌으면 한다. 그리고 설교를 살리고자 하는 저자의 애정과 열정이 한국교회에 열린 마음으로 받아들여지길 바라는 마음에서 적극 추천하는 바이다.

임성빈 | 장로회신학대학교 교수

| 머리말 |

평신도가 설교에 관한 책을 내는 데는 오랜 망설임과 상당한 용기가 필요했습니다. 먼저 말씀드릴 것은, 이 책은 설교학 책이 아닙니다. 굳이 분류하자면 '설교 방법론'이라 할까요? 보다 정확하게 말하자면 '설교 작성 방법론'입니다. 저는 설교학을 배운 일이 없습니다. 대신 수사학을 배우고 익혔습니다. 이 책에 담은 설교 작성 방법론은 수사학에 기초한 것입니다. 왜 이런 책이 필요한지 광고 제작 과정에 비추어 말씀드리겠습니다.

유능한 광고인이 되려면 먼저 '광고학'을 배워야 합니다. 그 기초 위에 '광고 제작 방법론'이라는 과목을 수강한 다음, '광고 제작 실습' 과정을 밟는 3단계를 거쳐야 합니다. 광고학은 대부분 교수들이 맡아 강의하지만, 제작 방법론과 제작 실습은 현업에 종사하는 분들에게 맡기는 경우가 많습니다. 광고학 박사라 할지라도 세세한 제작 방법까지 다 마스터하기는 어려운 까닭입니다. 산학협동(産學協同)인 셈입니다.

　설교 또한 다르지 않다고 생각합니다. 설교학 강의에서 시작해 설교 작성 방법론과 실습에 이르는 3단계 과정을 거쳐야 합니다. 이 전 과정을 설교학 교수 한 사람에게 도맡기는 것은 무리한 짐을 지우는 일입니다. 요즘 설교학을 수강한 다음 곧바로 설교 실습 시간을 갖는 신학교가 늘어나는 것은 이런 까닭이라 생각됩니다. 구체적인 설교 작성에 관한 교육 없이 실습에 임하게 되는 예비 설교자들 또한 당황스럽기는 마찬가지입니다. 신학교에서 배우는 모든 과목이 설교 작성과 관련된 것이라 강변(強辯)할 수도 있겠습니다마는 좀 더 효과적인 방법을 찾을 수 있지 않을까요?

　요즘 잘나가는 축구 선수 손흥민을 아십니까? 여덟 살 때부터 축구를 시작한 손흥민은 학교 축구부 대신 아버지에게 축구를 배웠습니다. 선수 출신인 아버지가 5년 넘게 아들에게 가르친 것은 단 한 가지, 발과 무릎, 가슴과 머리 등 온몸이 자유자재로 공을 컨트롤할 수 있을 때까지 볼 리프팅(lifting)을 하는 훈련이 전부였습니다. 손흥민이 시합에 나선 것은 중학교 2학년 때, 축구를 배운 지 6년이 지나서였습니다. 경기에 나서자마자 놀라운 능력을 보여 준 끝에 독일로 진출했고, 이제 한국 축구의 대들보가 되었습니다. 선수에게는 실전 경험이 중요하다지만 더 중요한 것은 기본기라는 믿음으로 훈련한 덕분입니다.

손흥민은 "지겹도록 반복했던 기본기 훈련이 오늘날의 저를 만들었습니다. 여덟 살 때부터 매일 한 시간씩 공을 몸에서 떨어뜨리지 않는 훈련을 거듭해 오던 어느 날, 날아드는 공에 무의식적으로 반응하는 저 자신을 보았습니다"라고 말했습니다.

    손흥민 선수의 아버지, 손웅정 씨는 국가 대표에 이름을 올리기도 했지만 부상으로 일찍 선수 생활을 접어야 했습니다. 그러나 좌절된 꿈보다 더 후회되는 것은 따로 있었습니다. '나는 왜 이렇게 공을 제대로 다루지 못할까' 하는 것이었습니다. 공을 자유자재로 다루는 기본기도 없이 시합에 나가 이기기 위해 무리한 것이 실패의 원인임을 알게 된 것입니다. 그는 자신의 교육철학을 이렇게 말합니다.

    "대나무는 땅 위에 싹을 틔우기까지 5년 동안 땅속에 숨어 있다고 합니다. 그동안 쉼 없이 뻗을 수 있는 만큼 넓게 뿌리를 뻗습니다. 이렇게 넓게 뿌리내린 대나무는 싹을 틔우자마자 하루에 50-70센티미터씩 자랍니다."

시합에 나가는 것은 흥분되는 일이지만, 기본기를 닦는 과정은 지루하고 땅속에 갇힌 것같이 갑갑한 일입니다. 그러나 성공은 기본기 없이는 불가능합니다.

뜬금없이 축구 이야기를 꺼낸 것은 요즘 한국교회 설교자들이 기본기 없이 시합에 나가 무리하고 있는 축구 선수 같다는 생각 때문입니다. 설교자의 실패는 혼자만의 문제로 끝나지 않습니다. 성도들이 피해자가 될 뿐 아니라 나아가 한국교회의 위기로 연결된다는 생각이 이 책을 쓰게 했습니다.

축구가 공을 다루는 일이라면 설교는 말을 하는 일입니다. 축구 선수들이 골을 넣어야 하듯 설교자는 성도들을 변화시켜야 합니다. 성도들로 하여금 고개를 끄덕이며 회개의 눈물을 흘린 끝에 새롭게 결심하게 하는 일은 결코 쉬운 일이 아닙니다. 말로써 자유자재로 설득하는 연습이 필요합니다.

  역사적으로 많은 사람들이 이 일에 목숨을 걸었습니다. 고대 그리스의 소피스트(sophist)들은 그럴듯한 언변으로 사람들을 유혹하기 위해 머리를 쥐어짰습니다. 그들의 궤변은 요즘 들어도 쉽게 반박하기 어려울 만큼 정교해 많은 사람들을 미혹하는 큰 힘을 발휘했습니다. 소크라테스를 모함해 사형시킬 정도였으니까요.

  그러나 다행스럽게도 이에 맞서는 학문이 등장했습니다. 다름 아닌 수사학(修辭學)입니다. 수사학은 참과 거짓(진위)을 분별하고 자신의 주장을 설득력 있게 펼 수 있도록 돕는 학문입니다. 오랜 시간 수사학은 발전을 거듭했습니다. 그 활용 범위 또한 매우 넓습니다. 웅변부터 협상, 상담, 교육, 선전, 광고에 이르기까지 사람의 마음을 훔치려면 누구라도 공부해야 할 기초 학문으로 자리잡았습니다.

설교자도 예외가 될 수 없습니다. 설교는 광고나 영업과는 비교할 수 없는 더 어렵고 귀한 일입니다. 그러나 원리는 크게 다르지 않습니다. 예수께서도 "내가 땅의 일을 말하여도 너희가 믿지 아니하거든 하물며 하늘의 일을 말하면 어떻게 믿겠느냐"(요 3:12)라고 말씀하셨습니다. 저는 신학교에서 설교 대회 이전에 토론 대회가 열려야 한다고 생각합니다. 수사학을 온전히 익힌 뒤라야 하늘나라의 비밀을 제대로 설파할 수 있다고 믿는 까닭입니다.

이 책은 1998년 11월부터 아홉 번에 걸쳐 설교 전문지 「그 말씀」에 연재되었던 "공중 커뮤니케이션으로 본 설교 전달"이라는 글에 그 뿌리가 있습니다. 그러나 이 책에는 전달에 관한 내용은 없습니다. 수사학은 메시지 작성 이전부터 전달에 이르는 광범위한 영역을 다룹니다. 수사학의 아버지 아리스토텔레스에 따르면, '로고스'

(logos), '파토스'(pathos), 그리고 '에토스'(ethos)라는 세 이름으로 분류됩니다. 이 책은 메시지 작성에 관한 로고스에 집중했습니다. 즉 설교 작성에 관한 이야기입니다.

「그 말씀」에 연재하던 당시 저는 신문방송학과 교수였습니다. 지금은 기업 교육 강사입니다. 둘 다 가르치는 일이니 비슷하리라 생각하겠지만, 전혀 아닙니다. 사실은 정반대입니다. 교수는 학생에게 맞출 필요가 없습니다. 가르치고 평가해 학점을 주는 전 과정을 교수가 주도하는 까닭입니다. 기업 교육에서도 강의는 강사가 합니다. 그러나 평가는 수강생이 합니다. 강의가 끝나자마자 '아주 좋았다' 5점에서부터 '아주 나빴다' 1점까지 평가합니다. 칼자루를 수강생이 쥐고 있는 셈입니다. "나는 고고한 학문을 전한다. 못 알아듣는 것은 너희들 탓이다"라고 했다가는 굶어 죽기 딱 좋습니다.

박사 학위나 교수 경력도 수강생의 평가 앞에서는 아무런 도움이 되지 않습니다. 과연 설교는 대학 교육과 기업 교육 중 어느 쪽에 가까워야 할지 생각해 보십시오.

  대학 교육은 학생들의 이해를 목표로 합니다. 학생들이 잘 알아듣고 시험 문제에 정답을 적어 내면 성공적인 강의라 할 수 있습니다. 그러나 기업 교육은 이해를 넘어 행동의 변화를 이끌어 내야 합니다. 예를 들어, 리더십 강의를 들었다면 리더십이 달라져야 합니다. 강의를 통해 많은 지식을 얻었다 해도 달라진 것이 없다면 실패한 교육입니다. 머리만 겨냥해서는 안 됩니다. 차가운 가슴에 열기를 불어넣어 변화의 결심을 끌어내야 합니다. 그것도 대학 교육보다 훨씬 짧은 시간에 해내야 합니다. 수강생들이 어려워하거나 지루해하는 강의도 안 됩니다. 기업 교육 강사로 변신한 뒤에 새로운 강의 방법들을 많이 배웠습니다. 제가 가장 많이 사용하는 방법은 실례를 들어 설명하는 것입니다. 수사학에서는 '예증법'(例證法)이라 부릅니다. 예수님도 가장 많이 사용하신 방법입니다.

"너희 중에 누가 아들이 떡을 달라 하는데 돌을 주며 생선을 달라 하는데 뱀을 줄 사람이 있겠느냐 너희가 악한 자라도 좋은 것으로 자식에게 줄 줄 알거든 하물며 하늘에 계신 너희 아버지께서 구하는 자에게 좋은 것으로 주시지 않겠느냐"(마 7:9-11).

하나님이 우리의 기도를 다 들어주신다는 예수님의 가르침입니다. 그런데 솔직히 말해 쉽게 믿어지지 않는 말 아닙니까? 예수님은 여기에 우리 모두가 잘 알고 있을 뿐 아니라 부인할 수 없는 부모의 사랑을 증거로 제시하심으로써 추호도 의심할 수 없는 진리로 탈바꿈시키셨습니다. 이것이 예증법의 강한 설득력입니다.
　예는 신선할수록, 수강생에게 가까울수록 좋습니다. 너무 어렵지 않아야 하지만, 동시에 너무 평범해서도 안 됩니다. 이 모든 조건을 한꺼번에 충족시키는 정보가 모여 있는 곳이 있습니다. 다름 아닌 신문과 방송입니다. 저는 어려운 내용을 쉽게 이해시키기 위해, 딱딱한 이론에 생기를 불어넣어 가슴 뭉클하게 하기 위해 그날의 뉴스를 가지고 열심히 새로운 강의안을 만들었습니다. 이때 가장 큰 힘이 된 것이 바로 수사학이었습니다.
　교수에서 강사로 변신하는 과정에 익힌 정보 요리법을 설교와 연결시켜 책에 담았습니다. "설교자는 마땅히 한 손에는 성경을, 한 손에는 신문을 들어야 한다"는 칼 바르트의 말을 기억할 것입니다.

성경은 하늘나라 이야기이고, 신문은 이 땅의 이야기입니다. 하늘나라 이야기는 거룩합니다. 이 땅의 소식들은 추잡스럽습니다. 이 두 세계를 연결하는 것이 설교입니다. 설교자에게 맡겨진 준엄한 사명입니다.

이 땅의 황폐함을 비웃기만 하는 성도는 하늘나라만을 소망하는 설교 때문입니다. 세상의 성공과 승리만을 기도하는 성도 또한 이원론적 설교의 피해자입니다. 목적지는 하늘나라이지만 출발지는 이 땅이어야 합니다. 예수님께서는 죄와 가난, 질병, 압제에 시달리며 갈 곳을 몰라 헤매는 우리에게 육신을 입고 직접 찾아오셔서 하늘나라 가는 길을 가르치셨습니다.

책을 펼치면 먼저 서론에 해당하는 '들어가며' 부분을 꼼꼼히 읽어 주십시오. "설교는 통속적이어야 한다", "설교는 사탕발림이다"

등의 표현이 거슬릴지 모르겠습니다. 그렇지만 꼼꼼히 읽어 진의를 파악해 주시기 바랍니다. 그 뒤에 적은 기획, 조직, 정보는 삼각형의 세 꼭지점과 같습니다. 순서가 따로 없다는 뜻입니다. 기본기 중에서도 가장 초보적인 정보 요리법을 먼저 익혀야 한다고 생각되면 'Part 3'부터 읽으십시오. 어느 정도 설교 작성에 익숙하다고 생각되면 'Part 1'부터 순서대로 읽는 것이 좋습니다.

방법론은 범용성(汎用性)이 있습니다. 널리 쓰인다는 이야기입니다. 이 책에서 말하는 방법론은 설교자뿐만 아니라 주일학교 교사, 강사, 그 밖에 논술 고사를 대비하는 수험생이나 입사 면접을 준비하는 취업 준비생처럼 말과 글로써 다른 사람을 설득하고자 하는 모든 분들에게 유용한 정보가 될 것이라 생각합니다.

학교를 떠난 뒤 기독교 방송에서 1년 반 동안 〈CBS 저널〉을 진행했습니다. 마지막 방송에서 "어디서 무엇을 하든 한국교회 갱신을 위해 힘쓰겠다"고 약속했습니다. 이제야 그 약속을 조금이나마 지킨 것 같습니다. 두렵고 떨리는 마음으로 내놓은 이 책을 읽고 "내 설교에 도움이 되었다"고 고백하는 분이 단 한 분이라도 있었으면 좋겠습니다.

2015년 10월 과천 아담재에서
박영근

| 들어가며 |

설교자가 왜 수사학을 배워야 하는가?

　한국교회가 쇠퇴하고 있다는 이야기는 어제오늘의 일이 아닙니다. 예리한 원인 분석도 많고 갱신을 위한 다양한 처방들도 제시되어 있습니다. 그 가운데 커뮤니케이션을 전공한 저는 "강단의 설교가 힘이 없어졌다"는 지적에 주목합니다. 힘을 잃은 설교는 성도들의 생각과 삶을 바꾸지 못합니다. 우리는 오래전에 짠맛 잃은 소금이 어찌 되는지 분명한 경고를 받은 바 있습니다. 그러니 밖에 버려져 짓밟히고 조롱당하는 우리의 현실을 누구 탓으로 돌릴 수 있겠습니까?

　문제는 양이 아니라 질입니다. 숫자가 아니라 수준입니다. 물은 높은 곳에서 낮은 곳으로 흐르기 마련입니다. 세상과 확연히 구분되는 높은 수준의 삶의 질, 예를 들어 높은 도덕성과 넓은 사랑 등을 보여 줄 수만 있다면 한국교회의 내일을 걱정할 필요는 없을 것입니다.

'쇠퇴했다'는 것은 예전만큼 힘이 없다는 뜻입니다. 그렇다면 '이전에 한국교회가 가지고 있던 힘은 어디서 나왔는가?'를 생각해 보아야 합니다. 새벽 기도, 성경 공부, 제자 훈련, 혹은 심방 등이 거론될 수 있을 것입니다. 다 맞습니다. 그러나 예나 지금이나 음부의 권세가 이기지 못하는 힘의 원천은 역시 '하나님의 말씀'입니다. 좌우에 날 선 어떤 검보다 예리해 혼과 영과 관절과 골수를 찔러 쪼갤 만한 능력 있는 말씀 말입니다. 이토록 엄청난 말씀의 능력이 오늘날 한국교회에서는 통하지 않는 원인은 무엇일까요?

이는 설교가 성도들과 멀어진 까닭입니다. 오늘 대한민국에서 하루하루 힘겨운 삶을 이어 가고 있는 성도들은 구원의 기쁜 소식을 찾아 교회에 옵니다. 그러나 강단에서 들려오는 이야기는 아주 오래전 이스라엘, 혹은 아주 먼 훗날 하늘나라 이야기뿐입니다. 오늘 이 땅에서의 성도다운 삶이란 어떤 것인지 알려 주지 않습니다.

문제는 시간과 공간의 거리감이 아닙니다. 인간, 즉 성도에 대한 배려가 없는 설교가 문제입니다. 마치 어릴 적 할머니가 들려주시던 옛날이야기처럼 스르르 졸음에 빠져들게 합니다. 전달되지 못한 메시지는 메시지가 아닙니다. 아무리 큰 능력이 있는 말씀이라도 성도들의 귓가를 맴돌다 흩어져 버린다면 무슨 소용이 있겠습니까? 믿음은 들음에서 난다고 했으니, 우선 성도들이 듣지 않을 수 없는 설교가 필요합니다.

우리의 설교가 지루한 것은 결코 하나님의 말씀이 지루한 까닭이 아닙니다. 가슴 깊숙한 곳까지 파고들어 용솟음치는 주의 은혜를 실감하게 하는 설교가 필요합니다. 눈물 흘리며 두 손을 불끈 쥐고 다시는 어리석음을 되풀이하지 않겠다고 다짐하게 하는 설교가 필요합니다. 이런 설교는 어떻게 가능할까요? 그 해답을 얻기 위해서는 눈길을 돌려 볼 필요가 있습니다.

킬링 포인트는 러빙 포인트다

'무슨 말로 사람들의 마음을 빼앗을 수 있을까?' 하는 것은 설교자들만의 고민이 아닙니다. 인류 역사와 어깨를 견줄 만큼 오랜 관심의 대상이었습니다. 고대 그리스 시절부터 시작된 수사학이 그 대표적인 예입니다. 수사학은 오랜 전통만큼이나 많은 연구 실적이 쌓여 있을 뿐 아니라 지금도 발전을 계속하고 있습니다. 간단한 예를 하나 들어 보겠습니다.

> 보험회사에 근무한 적이 있는 고참 사병이 신병 훈련소에 배치가 되었습니다. 그의 보직은 신병들에게 군인 보험에 대해 설명하는 것이었습니다. 그런데 그가 배치된 지 얼마 되지 않아 100퍼센트의 판매 실적을 보였습니다. 직속 상사가 궁금해서 어떻게 이야기하는지 엿들어 보았습니다.
>
> "군인 보험에 든 병사가 전쟁에 나가 전사하면 정부는 유족에게 10억을 지불한다. 그런데 보험에 들지 않은 병사가 전사했을 때 얼마를 지

불하는 줄 아나?"

"모르는데요."

"정부가 지불하는 돈은 고작 100만 원뿐이다. 그러니 정부는 어느 쪽을 먼저 전투에 투입하겠나? 생각들 해봐!"[1]

「문화일보」 유머난에 실린 우스갯소리입니다. 그러나 이 사병은 불안해하는 신병들의 마음속을 꿰뚫어 보고 있었습니다. 소위 '킬링 포인트'(killing point)를 찾아낸 것입니다. 찌르면 껌뻑 죽을 수밖에 없는 점을 제대로 찾아 원하는 목표를 이루었습니다. 킬링 포인트를 찾는 것을 직업으로 하고 있는 사람들이 있습니다. 바로 광고쟁이들입니다. 이들은 30초의 광고로 구매를 끌어내기 위해 킬링 포인트를 찾아 밤을 새웁니다. 광고학에서는 킬링 포인트를 '러빙 포인트'(loving point)라고 가르칩니다. 사랑하는 심정으로 청중을 깊이 생각해야 그들이 절실히 여기는 점을 찾아낼 수 있다는 뜻입니다.

다른 예를 하나 더 보겠습니다. 『평생 단 한 번의 만남』이라는 책을 쓴 임한기라는 세일즈맨이 있습니다. 이 책에는 그가 여산 하사관 학교에서 교육생들을 대상으로 종신보험을 팔았던 일화가 적혀 있습니다. 책의 내용을 그대로 인용하겠습니다.

하사관들이 모여 있는 강당에 도착했다. 강당에는 긴 좌석에 좁은 책상이 붙어 있는 의자가 빽빽이 들어차 있었고, 그 의자 위에 젊은 친구들이 빈틈없이 앉아 있었다. ……모두 지쳐 있는 기색이 역력했다. 난방이 들어오지 않아 무척 추웠는데도 비좁은 의자에서 졸고 있는 친구들이 무척 많이 보였다. 하루 훈련이 얼마나 고되었는지 짐작이 가고도 남았다. 내가 무슨 말을 해도 관심 있게 들을 것 같지 않았다. 나는 사전에 계획에 없던 행동을 하기 시작했다.

"모두들 일어나십시오."

젊은 친구들을 모두 일으켜 세웠다. 그리고 큰 소리로 외쳤다.

"어머니~, 어머니~."

몇몇 친구들의 어깨가 들썩거렸다.

"여러분들도 '어머니~' 하고 한 번 부르십시오."

"어머니~"

소리가 강당을 휩쓸아쳤다. 세상이 떠나갈 듯 큰 소리가 울려 퍼졌지만 강당에는 침묵이 감도는 듯 분위기가 가라앉았다. 나는 젊은 친구들을 앉게 한 뒤 눈을 감으라고 했다. 차 속에서 생각해 두었던 것을 차분히 말했다.

"여러분은 지금 부모님을 떠나 이곳에 와 있습니다. 고향에 계신 부모님은 여러분을 보내 놓고 눈물을 흘리고 계실 겁니다. 여러분이 군인이다 보니 한시도 마음을 놓을 수 없습니다. 사고가 나서 손이 싹둑 잘릴지도 모르고, 헬리콥터에서 떨어져 다리를 잃을지도 모릅니다. 이런 생각을 하면서 어머니는 피눈물을 흘리고 계실 겁니다."

여기저기서 흐느끼는 소리가 들리는 듯했다.

"눈을 뜨십시오. 앞으로 여러분에게 닥칠 현실의 문제입니다. 언제 어떻게 다칠지 모릅니다. 그 아픔을 어떻게 달랠 것인가요? 그래서 보험이 필요한 것입니다."

그다음부터는 거의 몸으로 말했다.

"여러분이 유격훈련을 하는데, 옆에 있는 친구가 실수로 여러분의 코를 발로 차서 부러졌습니다. 이걸 뭐라고 합니까? 재해! 바로 '재해'입니다. 이런 재해를 당해 입원을 하면 하루 5만 원입니다. 수술하면 얼마를 보상받을까요? 100만 원!"

……

"자식이 다쳤는데 부모가 아무 손도 쓰지 못하는 것처럼 슬픈 일도 없습니다. 여러분 월급의 10분의 1로 이런 모든 슬픔을 방지할 수 있습니다. 부모님께 효도를 하고 싶다면, 부모님을 안심시켜 드리려면 어떻게 해야 할까요?"

우는 친구들도, 자다가 화들짝 깬 친구들도 있었다.[2)]

상술이라고 무시하지 말고 집중해 봅시다. 여기서 임한기 씨가 찾아낸 킬링 포인트가 무엇이었나요? 다름 아닌 '어머니'입니다. 군대에서 '어머니'라는 단어가 갖는 위력이 어떤지 경험해 본 사람은 알 것입니다. 그가 청중을 사랑하는 심정으로 깊이 생각했기에 얻어 낼 수 있었던 것입니다. 다시 말하지만, 킬링 포인트는 러빙 포인트입니다.

그 친구들은 왜 일반 사병보다 훨씬 더 힘든 하사관 훈련을 받고 있는 것일까? 일단 초반에 고생 좀 하고 나면 일반 사병보다 편해서일까? 요즘 젊은 사람들에게서 '먼저 힘들고 나중에 편하자'는 생각을 발견하기란 쉽지 않다. 분명 그 친구들은 가정 형편 때문에 하사관을 택했을 것이다. 어차피 군대는 다녀와야 하는 것이리라. 형편이 어려운 사람들은 보험을 들려고 하지 않는다. 하지만 그렇기 때문에 오히려 보험이 필요한 것이다. 무슨 말을 해야 할지 서서히 정리가 되는 것 같았다.[3]

킬링 포인트는 어느 날 갑자기 필(feel)을 받아 떠오르는 것이 아닙니다. 논리적인 사고 끝에 얻어지는 창작품입니다. 진흙밭에 핀 연꽃처럼 노심초사의 결과물입니다. 과연 그는 어떤 결과를 얻었을까요?

결국 그날 서명이 된 계약서는 400장이 조금 넘었다. 계속 계약이 유지된다면 그날 계약한 총 금액은 100억 원 가까이에 이른다. 영업 사원에게 주어지는 수당도 수억 원이 넘었다. 이 모든 일이 단 10분 만에 이루어졌다.[4]

이전에 동료들이 한 건씩밖에는 얻어 내지 못했던 것을 생각한다면 실로 기적 같은 일입니다. 이런 설득 방법을 체계적으로 정리해 놓은 학문이 바로 수사학입니다. 사랑하는 여인을 향한 열정처럼 마음을 얻기 위해 온갖 방법들을 치열하게 실험하고 연구한 결과인 것입니다. 신문, 방송, 광고, 홍보 분야뿐만 아니라 세일즈맨, 강사 등 설득을 위해 일하는 사람들은 모두 수사학을 열심히 공부해 응용하고 있습니다. 그런데 유독 설교자들은 수사학에 관한 뿌리 깊은 오해 때문인지 수사학 공부를 등한시하는 것 같습니다.

수평적 커뮤니케이션도 중요하다

수사학의 관점에서 설교를 분석하면 그 방향을 중심으로 하나님과의 수직적인 커뮤니케이션과 성도들과의 수평적인 커뮤니케이션 둘로 나눌 수 있습니다. 하나님과의 수직적인 커뮤니케이션을 통해 설교자는 '메시지'를 준비합니다. 메시지를 '어떻게 전할까?' 하는 것이 수평적인 커뮤니케이션의 과제입니다.[5]

전통적인 설교학에서는 수직적인 커뮤니케이션을 중시합니다. 옳은 일입니다. 정성스럽게 준비된 메시지가 없다면 제대로 된 설교라고 할 수 없습니다. 그러나 한쪽을 중시하는 것은 곧 다른 부분은 소홀히 해도 된다는 뜻은 아닙니다. 메시지 준비에 정성을 들인 만큼 '전달'에도 공을 들여야 마땅하지 않겠습니까?

이 대목에서 꼭 강조하고 싶은 점이 있습니다. 설교자가 수직적 커뮤니케이션을 통해 준비한 메시지가 곧 구체적인 설교 내용, 즉 콘텐츠(contents)를 의미하는 것은 아니라는 사실입니다. 예를 들어 한 설교자가 '경제적인 어려움으로 힘들어하는 성도들을 향한 하나님의 메시지는 무엇일까?'라는 질문을 가지고 묵상에 묵상을 거듭한 끝에 '낙심하지 말고 믿음 안에 굳게 서라'라는 응답을 받았다 칩시다. 이 설교자가 "여러분을 향한 하나님의 메시지는 이것입니다" 하며 이 말씀만을 설교 시간에 계속 무한 반복한다면 어떻게 될까요? 하루하루 끼니를 걱정하는 성도들이 과연 "아멘"으로 화답할까요?

수학 문제를 푸는데, 풀이 과정을 생략하고 정답만을 적어 놓으면 어떻게 됩니까? 제 점수를 받으려면 어떻게 풀었는지 그 과정을 함께 적어야 하지 않겠습니까? 왜 이런 결론이 나왔는지 과정을 밝히지 못한 설교를 들은 성도들은 '하나님은 내가 매일 겪고 있는 어려움과는 너무도 멀리 떨어져 자신만의 고고한 성을 지키시는 분'으로 오해하게 되지 않을까요? 정녕 그분은 '가까이하기엔 너무 먼 당신'이란 말입니까? 성경은 이렇게 이야기합니다.

> "만일 형제나 자매가 헐벗고 일용할 양식이 없는데 너희 중에 누구든지 그에게 이르되 평안히 가라, 덥게 하라, 배부르게 하라 하며 그 몸에 쓸 것을 주지 아니하면 무슨 유익이 있으리요" (약 2:15-16).

수직적 커뮤니케이션을 통해 얻은 메시지는 큰 줄거리, 혹은 방향에 해당합니다. 수사학에서는 이를 '콘셉트(concept)를 잡았다'고 부릅니다. 이제 추상적인 콘셉트를 구체적인 '콘텐츠(contents)'로 변모시키는 일이 남았습니다. 설교를 준비하며 정확한 콘셉트를 잡는 일은 대단히 중요한 일이지만, 이것은 출발일 뿐입니다. 추상적인 콘셉트만으로 설교하는 것은 마치 굶주린 자에게 그림의 떡을 던져 주는 격입니다. 일점일획도 변할 수 없는 성경(text)의 가르침을 변화무쌍한 현실(context)에 비추어 구체적인 내용(concrete contents)으로 다시 만들어 내야 하는 것이 설교입니다. 이런 수고를 거친 설교라야 성도들이 듣습니다. 수평적 커뮤니케이션의 '어떻게'는 여기서부터 시작됩니다. 완성된 내용을 멋지게 전달하는 단순한 액세서리가 아닙니다.

그러나 우리 설교학 교육은 수직적 커뮤니케이션에 치중한 나머지 '어떻게 전달하느냐' 하는 것은 사소한 문제로 생각하는 경우가 많아 보입니다. 있으면 좋지만 없어도 크게 문제 될 것 없는 기술 정도로 생각하는 사람들이 많다는 뜻입니다. 이런 분들은 설교 전달이란 '준비된 메시지를 어떤 어투로, 어떤 제스처와 함께, 어떤 오디오 시스템을 통해 말할 것인가'에 관한 것이라 생각하는 것 같습니다. 이런 문제들은 다분히 신학이나 설교학적인 문제라기보다는 웅변술의 문제로 경시하는 편견을 갖게 했습니다.

한편에는 메시지만 제대로 준비되면 운동력 있는 말씀과 살아 계신 성령님이 도와주실 것이므로 설교 전달을 걱정하는 것은 비신앙적인 일이라는 극단적인 주장도 있습니다. 저도 성경 말씀의 놀라운 운동력과 살아 계신 성령님의 역사하심을 믿습니다. 그러나 골수까지 파고드는 말씀의 놀라운 능력도 성도들의 귀를 통과한 다음의 일입니다. 또한 특별한 경우에는 따로 준비하지 않더라도 해야 할 말씀을 입에 담아 주겠다는 하나님의 약속도 믿습니다. 그러나 그것은 그야말로 특별한 경우입니다. 말씀을 때에 따라 적절히 해석하고 적절한 전달 방법으로 성도들에게 들려줘야 할 가장 중요한 역할은 여전히 설교자에게 주어져 있다는 사실을 기억해야 합니다. 따라서 설교자는 어떤 경우에도 하나님과 성도들 사이에 세움 받은 대언자로서의 사명을 피할 수 없습니다.[6]

　이렇게 한쪽에 치우친 설교학은 미완성입니다. 부치지 못한 편지처럼 전달되지 않은 메시지는 메시지가 아닙니다. 성도들의 가슴을 치지 못하고 귓가에 맴돌다 허공에서 산산이 부서져 버린 공허한 외침으로 끝나 버리는 설교, 너무 안타깝지 않습니까? 전달되지 못한 믿음은 설교자의 '개인적인 정신-문화(soul-culture)'[7]뿐 설교는 아닙니다. '성도와 함께 하는 설교' 대신 '목사 혼자 좋은 설교'로 가득한 우리 강단의 현실은 바로 이 때문이라 생각합니다.

　최근 들어 설교학에서도 전달에 관한 연구들이 늘어나고 있습니다. 전달의 중요성을 깨닫고 수사학에 눈을 돌리기 시작했습니다. 늦은 감이 없지 않지만 수사학의 도움을 받겠다고 생각한 것은 잘한 일입니다. 그러나 문제가 있습니다. 수사학을 대하는 마음가짐이 문제입니다. 사정이 어려워 도움을 받긴 받겠지만 사정이 나아지면 바로 등을 돌려 버리듯 홀대하는 경향이 있습니다. 수사학 전체가 아니라 필요한 부분만 골라서 받아들인 것이 그 증거입니다. 수사학 가운데 전달에 관한 부분만 떼어 냈다는 것입니다.

　아리스토텔레스가 쓴 『수사학』은 모두 세 권으로 되어 있습니다.

그 가운데 전달에 관한 이야기는 미사여구법과 배열법을 다룬 제3권에만 나옵니다. 그런데 마치 이것이 수사학의 전부인 것처럼 말합니다. 이것이 소위 세상 학문의 한계인 양 폄하하고 있다는 뜻입니다. 수사학은 그리 쉽게 홀대할 수 있는 학문이 아닙니다. 수사학의 아버지로 불리는 아리스토텔레스는 대단한 사람입니다. "아리스토텔레스 이후 하늘 아래 새로운 것은 없다"라고 평가될 정도로 역사상 가장 뛰어난 학자로 거론되는 인물입니다.

그의 『수사학』 제1권은 설득력 있게 자신의 주장을 펼칠 수 있는 조건과 근거의 유형에 대한 연구입니다. 여기에서 설득의 세 가지 근거로 '로고스', '파토스', '에토스'를 소개합니다. 제2권은 앞 권에서 다룬 세 가지 설득의 근거에 대한 보다 깊이 있는 논의와 함께 메시지 작성에 관한 구체적인 방법들을 소개하고 있습니다. 마지막 제3권에서는 전달에 관해 이야기합니다.

그러나 여기에 목소리나 제스처에 대한 언급은 전혀 없습니다. 아리스토텔레스는 "수사학의 고유의 기능은 설득하는 데 있는 것이 아니라 설득하는 수단을 아는 데 있다"(1355b)고 썼습니다. 그가 설득 방법에 대한 이해를 목표로 삼게 된 데에는 이유가 있습니다. 당시 그리스에는 스스로 '지혜로운 사람'이라 일컫는 소피스트, 즉 궤변론자들이 설치고 있었습니다. 이들은 교묘한 논리와 화려한 언변으로 무지몽매한 사람들을 유혹하기 위해 많은 방법들을 만들어 냈습니다. 이에 아리스토텔레스는 "인간에게 있어서 말의 사용이 육체의 사용보다 더 고유하고, 자신의 육체를 스스로 방어할 수 없는 것이 부끄러운 일이라고 한다면 말로 자신을 보호할 수 없음을 부끄러워하지 않는 것 역시 불합리한 일이다"(1355b)라고 하며 수사학의 의미를 강변했습니다. 아리스토텔레스가 『수사학』을 쓰게 된 것은 소피스트들에게 사기당하는 일을 방지하기 위해서였다는 이야기입니다.

아리스토텔레스는 진정한 수사학자와 소피스트의 차이에 대해 "한 사람을 소피스트로 만드는 것은 자신의 능력이 아니라 자신의 의도에 있다"(1355b)고 주장합니다. 다시 말하면, 사람들을 유혹하는 의도로 시작한 일이라면 이는 설득이 아니라 사기 혹은 궤변이지만 진실을 밝히려는 목적으로 사실에 근거한 주장이라면 진정한 설득이라는 뜻입니다. 이런 일에 자신이 정리한 수사학이 유용하게 쓰이기를 원했던 것입니다.

이런 까닭에 아리스토텔레스는 설득의 세 가지 근거 가운데 논리적 메시지 작성에 관한 로고스나, 효과적인 전달을 위한 파토스가 아닌 '인성'(人性)으로 번역되는 에토스를 가장 중요한 덕목으로 꼽았습니다. 자신의 책에서 가장 많은 부분을 바로 에토스에 할애한 것도 이런 까닭입니다. 또한 로고스나 파토스에 비해 에토스를 키우는 일이 가장 어렵다는 점을 여러 차례 강조했습니다. 그러나 불행하게도 그의 염려가 현실로 드러나는 데는 그리 긴 시간이 필요하지 않았습니다. 소피스트들로부터 시작해 나치의 히틀러나, 요즘 소비자들의 주머니를 겨냥한 화려하고 과장된 광고들이 줄을 잇는 것만 보아도 알 수 있습니다.

　수사학의 개략적인 모습을 읽고 난 소감이 어떠십니까? 수사학과 설교학이 상당히 비슷하다는 생각이 들지 않으십니까? 우선 수사학이 우매한 대중을 위한 학문이라는 점, 그리고 기술보다는 의도를 중시한다는 점을 눈여겨보십시오. 설교학 또한 멸망의 나락에서 헤매는 죄인들을 위한 학문입니다. 설교학에서도 설교자의 사명감과 함께 인품을 강조한다는 점에서 이 둘은 거의 닮은 꼴 아닙니까? 물론 차이점도 있습니다.

　그렇다면 공통점과 차이점 둘 중에 어느 쪽이 더 많습니까? 구체적으로 웅변과 설교를 비교해 봅시다. 물론 설교는 웅변과 다른 특성을 가지고 있는 것은 사실입니다. 그러나 공통점이 훨씬 많지 않습니까? 이 두 가지 점을 동시에 살필 줄 알아야 설교의 참모습을 알 수 있습니다. 이 둘이 비슷하다는 점을 강조하는 이유가 있습니다. 설교에 대한 부담감을 줄이기 위해서입니다. 설교학에서는 설교의 특성을 많이 강조합니다. 다른 커뮤니케이션과는 크게 다르다는 이야기입니다. 그렇지만 설교의 특성을 지나치게 강조하게 되면 설교자들이 큰 부담을 가지게 됩니다. '뭔가 내 설교에 특별한 것이 있어야 하는데…….' 이런 생각에 '설교는 괴로운 일'이라는 강박관념에 사로잡히게 되고 점점 자신을 잃기 쉽습니다. 이런 생각이 때로는 '설교는 목회자만의 영역이야!' 하는 배타적 특권 의식으로 나타나기도 합니다.

　수사학과 설교학의 관계는 로고스의 뜻을 생각하면 쉽게 이해할 수 있습니다. 수사학에서는 로고스를 '이성' 혹은 '논리'라는 뜻으로 사용합니다. 청중이 고개를 끄덕일 수 있을 만큼 메시지가 조리 있고 합리적이어야 한다는 의미입니다. 설교학에서 로고스의 의미는 독자들이 더 잘 알고 계실 것입니다. 즉 아무리 긴 세월이 지나도 일점일획도 바뀌지 않는 진리, 즉 '하나님의 말씀'을 가리킵니다. 이 말씀을 만고의 진리로 믿는 것은 '맞는 말씀'이기 때문입니다. 물론 하나님의 말씀이 세상의 논리 그 이상이라는 점에 동의합니다. 그러나 그 '이상'일지언정 '반대'는 아닙니다. 설교학과 수사학의 공통점은 모든 설득 커뮤니케이션의 기초에 해당합니다. 그 위에 설교만의 특성이 자리하고 있다고 보시면 됩니다. 성공적인 웅변이 이성, 감성, 그리고 인성으로 이루어졌다면 설교는 그 위에 영성을 더한 것입니다.

아리스토텔레스가 밝힌 대로 수사학은 설득 그 자체가 아니라 설득의 방법에 관한 학문, 요즘 식으로 바꿔 말하면 설득 방법론이라 할 수 있습니다. 전공을 불문하고 모든 학위 과정에서 연구 방법론은 필수 과목입니다. 인문, 사회, 혹은 공학 분야만이 아닙니다. 예체능 쪽에서도 박사 학위를 받으려면 연구 방법론 과목을 이수해야 합니다. 연구 방법을 알아야 스스로 연구할 수 있기 때문입니다.

연구 방법을 제대로 익히지 못하면 결국 다른 사람의 연구를 가져다 쓸 수밖에 없습니다. 이때 출처를 분명히 밝히지 않으면 표절이 되는 것입니다. 우리 강단에도 비슷비슷한 설교들이 점점 더 늘어나고 있습니다. 그러나 그 출처를 밝히는 경우는 거의 없는 것 또한 사실이 아닙니까? 다른 사람이 애써 준비한 내용을 정당한 보상 없이 가져다 쓰는 일, 명백한 도둑질입니다. 이런 일들이 관행으로 굳어지면 스스로 고민하며 연구하는 설교자를 찾아보기 힘들게 됩니다. 우리 강단의 설교가 발전이 없고 쇠퇴하고 있다는 이야기는 바로 이 악순환의 필연적인 결과입니다. 수사학이야말로 모든 설교자의 필수 과목이 되어야 합니다. 이 세대의 아들들이 자기 시대에 있어서는 빛의 아들들보다 더 지혜로울 수 있습니다(눅 16:8). 필요한 것은 배워야 합니다.

하늘의 기쁜 소식(good news)을 오늘의 뉴스와 이어주라

이제 설교학이 수사학을 제대로 활용하지 못한 근본적인 원인을 살펴볼 차례입니다. 이는 다름 아닌 교회의 뿌리 깊은 이분법적 사고 때문입니다. 앞에서 설교를 수직과 수평 커뮤니케이션 둘로 나눠서 살펴본 것을 기억하실 것입니다. 이는 설교의 서로 다른 두 성격을 이해하기 위한 것이었습니다. 이를 통해 두 가지 커뮤니케이션, 즉 수직과 수평 둘 다 설교에서 빼놓을 수 없는 필수 요건이라는 점을 강조했습니다. 그러나 이분법적 사고는 택일(擇一)을 전제로 합니다. 하나는 선택하고, 하나는 버려야 한다는 말입니다. '하늘나라냐 세상이냐?' 하는 것이 그 전형적인 예입니다.

하늘나라를 소망하지만 오늘 대한민국을 살고 있는 성도들에게 둘 중 하나의 선택을 강요하는 것은 잔인한 일입니다. 어느 것도 포기할 수 없고, 포기해서도 안 됩니다. 다만 세상 사람들과 다른 점은 우선순

위에 있습니다. 세상과 하늘나라가 충돌하는 경우, 성도라면 당연히 하나님의 법칙에 따르는 것이 옳지 않겠습니까?

여기서 설교 내용에 대해 신학적으로 논쟁할 생각은 전혀 없습니다. 다만 이런 이분법적 메시지도 성과를 얻으려면 성도들에게 제대로 전달되어야 하지 않겠는가를 묻고 있는 것입니다. 한 설교자가 '성도들은 세상이 아니라 하늘나라를 위해 살아야 한다'는 점을 인식시키기 위한 설교를 준비했다 칩시다. 그러나 이 메시지가 성도들에게 전달되지 못한다면 그 목표를 이룰 수 있겠습니까?

십자가의 두 막대는 설교의 두 방향을 예시합니다. 먼저 위를 향한 막대는 하나님과의 수직적인 커뮤니케이션을 가리킵니다. 기도와 묵상을 통해 메시지를 준비하는 단계입니다. 그러나 십자가는 옆으로 뻗은 또 하나의 막대를 가지고 있습니다. 설교자와 성도들 사이의 수평적인 커뮤니케이션을 나타내는 것입니다. 수직과 수평 가운데 어느 것이 더 중요한가를 묻는 것은 어리석은 질문입니다. 둘 중 어느 것이라도 그 하나만으로는 십자가를 완성할 수 없기 때문입니다.

수직적인 커뮤니케이션을 통해 준비하는 메시지는 영적(spiritual)이어야 합니다. 성도들과 이어지는 수평적인 커뮤니케이션은 인간적(personal)이어야 합니다. 이 대목에서 다시 혼란스러워하는 분들이 있을 것입니다. "영적이어야 할 설교가 인간적이어야 한다고?" 이런 분들에게 저는 이렇게 반문하고 싶습니다. "그렇다면 영적인 메시지는 성도들이 알아듣지 못할 만큼 비인간적(impersonal)으로 전달되어야 합니까?" 다시 한 번 설교는 택일이 아니라 우선순위의 문제라는 점을 강조하고 싶습니다.

또 한 가지 기억해야 할 점은 십자가의 두 막대가 방향은 다르지만 서로 맞물려 있다는 점입니다. 즉 수직과 수평, 두 방향의 커뮤니케이션은 연결되어 영향력을 주고받는다는 이야기입니다. 수직적 커뮤니케이션을 통해 얻은 메시지는 변할 수 없지만, 구체적 설교 내용, 즉 콘텐츠는 효과적인 전달을 위해 매번 설교 때마다 바뀌어야 합니다. 또한 콘텐츠에 따라 전달 방식을 달리해야 할 때도 있습니다. 유능한 설교자는 이 두 가지 능력을 모두 갖추어야 합니다.

예수님도 이 땅에서 사역하시는 동안 "하나님의 나라를 무엇으로 비교할까"(눅 13:20) 하시며 복음 전파에 고심하셨습니다. "내가 땅의 일을 말하여도 너희가 믿지 아니하거든 하물며 하늘의 일을 말하면 어떻게 믿겠느냐"(요 3:12) 하시며 쉽게 알아들을 수 있는 메시지를 만들어 내셨습니다. 농부들에게는 '씨 뿌리는 비유'를, 어부들에게는 '사람 낚는 어부'를 말씀하신 것이 대표적인 예입니다. 바울 또한 여러 사람에게 복음을 전하면서 여러 모양이 되기를 주저하지 않았습니다. 예수님이 하늘나라에 관해 잘 모르셨거나 바울이 복음에 대한 이해가 부족했던 까닭이 아닙니다. 오히려 "아무쪼록 몇 사람이라도 구원하고자"(고전 9:22) 하는 열심이 컸기 때문입니다.

설교는 십자가의 두 막대가 연결된 것처럼 이어 주는 것입니다. 하나님의 말씀이 그 놀라운 힘을 다 발휘할 수 있도록 하는 설교의 비결은 '이어 주는 것'입니다. 시간과 공간을 초월하여 모든 인류에게 적용되는 하나님의 말씀을 설교자는 이 시간, 이 공간, 그리고 이 인간들에게 이어 주어야 합니다.

창세기, 너무도 멉니다. 말라기도 멉니다. 중동, 이스라엘, 그리고 애굽, 다 먼 나라 이야기입니다. 도무지 실감이 나지 않습니다. 도대체 오늘 이 땅에서의 내 삶과 무슨 연관이 있습니까? 세금에 관한 질문에 예수께서 "가이사의 것은 가이사에게, 하나님의 것은 하나님께"(마 22:21)라고 답하신 대목을 잘 알고 계실 것입니다. 만약 예수님이 오늘 대한민국에 살아 계셔서 똑같은 질문을 받는다면 어떻게 대답하실까요? 이런 문제를 생각해 본 일이 있으십니까? 여기에서 '가이사'는 로마 황제, 즉 당시의 통치자라는 사실에 주목해야 합니다. 그렇다면 오늘 대한민국 강단에서는 이 구절의 '가이사'가 '국세청'으로 대치되어야 하지 않겠습니까? 이렇게 이어 주는 설교자의 노력이 있어야 '그리스도인은 탈세하지 않고 성실한 납세자가 되어야 한다'는 교훈이 성도들의 가슴을 울리지 않을까요? 이어 주는 설교는 '듣고 마는 설교'를 '행함으로 이어지는 설교'로 탈바꿈해 줍니다.

얼마 전, 집에 배달된 전도지에서 경제공황 당시 자살을 생각했던 강철왕 카네기의 이야기를 읽었습니다. '돈이 행복을 보장하는 것이 아니라는 점'을 보여 주기 위한 예화였습니다. 미국의 경제공황, 너무 먼 이야기 아닙니까? 경제적인 어려움이라면 1997년 말 대한민국을 강타했던 IMF도 있고, 최근의 세계적인 금융 위기도 있습니다. 예화는 지금, 여기, 이 사람들에게 가까울수록 효과가 큰 법입니다.

예화 사전에 나와 있는 것들은 너무 오래되어 딱딱하게 굳어 버린 건어물입니다. 그럼 어디에 가야 누구든 귀를 기울일 만한 싱싱한 이야기들을 구할 수 있을까요? 오늘 대한민국의 소식이 어디에 모이는지 생각해 보십시오. 칼 바르트는 "한 손에는 성경을, 한 손에는 신문을"이라는 유명한 말을 남겼습니다. 그가 생존해 있다면 "한 손에는 성경을, 한 손에는 마우스를"이라고 하지 않았을까요? 하늘의 기쁜 소식(good news)이 성도들의 가슴 깊은 곳까지 파고들기 원한다면 오늘의 뉴스와 이어 주십시오.

매일 아침 문 앞까지 배달되는 신문, 손만 대면 켜지는 TV, 귓가를 울리는 라디오, 어디에나 흘러넘치는 인터넷 정보 등 대한민국만큼 정보가 풍성한 나라가 없을 것입니다. 이들이 모두 설교자를 위해 마련된 귀한 재료들입니다. 맛있게 즐길 사람들을 생각하며 기대에 부풀어 식재료를 살피는 주방장처럼 신문을 펼치고 마우스를 쥐십시오.

아리스토텔레스는 "현인처럼 생각하고 범인처럼 말하라"라고 충고했습니다. 저는 설교자들에게 "성자처럼 생각하고 탕자처럼 말하라"라고 권합니다. 이를 위해 먼저 '하나님'을 깊이 생각하십시오. 여기에 하나를 덧붙이십시오. '사람'을 깊이 생각하십시오. 설교는 성속(聖俗)을 이어 주는 일입니다. 시작은 하나님이지만 목적지는 세속에 몸담고 사는 사람들이라는 사실을 잊지 마십시오. 그런 점에서 모든 설교는 통속적(通俗的)이어야 합니다. 다른 사람의 마음을 움직이려 하는 모든 일은 세일즈입니다. 세상과 통해야 복음을 전할 수 있습니다.

이제 여러분이 매일 주변에서 쉽게 접할 수 있는 재료로 맛깔스런 요리를 만들 수 있는 레시피를 공개하겠습니다. 이는 아리스토텔레스가 『수사학』에서 말한 설득의 세 가지 근거, 즉 로고스, 파토스, 에토스에 따라 진행됩니다. 본론에 들어가기 전에 이 세 가지 근거에 대해 간단히 살펴보기로 합시다.

로고스, 파토스, 에토스가 왜 필요한가

첫 번째, 로고스는 보통 이성(理性) 혹은 논리로 번역합니다. 설교자가 메시지를 준비할 때 필요한 능력입니다. 레스토랑에 비유하면 맛깔스런 음식을 요리할 주방장의 필수 역량이 되겠습니다. 물론 영성 깊은 메시지가 세상의 논리나 이성 그 이상이라는 점을 인정합니다. 그러나 메시지 구성 방법은 논리적이고 합리적이어야 한다는 뜻입니다. 아마도 영성 깊은 메시지는 부조리하고 비합리적이어도 상관없다고 생각하시는 분은 없을 것입니다. 앞에서 강조한 대로 수사학은 설득 그 자체가 아니라 방법입니다.

두 번째, 파토스에 관한 이야기입니다. 보통 감성(感性)이라고 번역하고 메시지 전달에 필요한 능력을 말합니다. 음식을 친절하게 서빙하는 웨이터가 갖춰야 할 덕목으로 생각하시면 됩니다.

마지막으로, 에토스는 보통 인성(人性) 혹은 인품으로 번역합니다. 레스토랑 전반을 두루 살펴 조율하는 지배인의 능력이라 생각하시면 됩니다. 이는 설교의 기본에 해당하는 부분입니다. '설교와 설교자, 그리고 성도들에 관해 어떻게 인식해야 하는가'에 대한 논의입니다.

좋은 설교자가 되려면 이 세 가지 능력을 모두 갖춰야 합니다. 이성에 바탕을 둔 논리는 건물에 있어 기둥과 같습니다. 기둥이 없는 건물은 무너질 수밖에 없다는 점에서 논리는 설교에 있어 필수 불가결한 요소입니다. 그러나 기둥만 가지고는 아름다운 건물이 될 수 없습니다. 따라서 설교에는 감성에 호소하는 구체적인 표현들이 꼭 필요합니다. 많은 사람들이 이성과 감성을 상대적인 개념으로 생각합니다. 그러나 이성과 감성이 상반되는 성격을 가진 것은 사실이지만 반드시 둘 중 하나를 선택해야 하는 것은 아닙니다.

이성과 감성을 사각형의 가로와 세로로 생각한다면, 이성적이면서도 감성적인 설교가 가능합니다. 가로와 세로가 길어져야 사각형의 면적이 늘어난다는 사실은 어린아이라도 잘 아는 사실입니다. 마찬가지로 설교자는 치밀한 논리와 함께 호소력 있는 표현력으로 설교의 지평을 넓혀야 합니다. 또한 이성과 감성이 사각형의 가로와 세로에 해당한다면 인성은 높이에 해당합니다.

성경은 그리스도의 사랑에 대해 "능히 모든 성도와 함께 지식에 넘치는 그리스도의 사랑을 알고 그 너비와 길이와 높이와 깊이가 어떠함을 깨달아 하나님의 모든 충만하신 것으로 너희에게 충만하게 하시기를 구하노라"(엡 3:18-19)라고 말합니다. 그리스도의 사랑은 너비와 길이와 높이와 깊이가 있다 했으니, 이는 1차원의 선도 아니요, 2차원의 면적도 아닙니다. 3차원의 입체입니다. 그러니 제대로만 전달된다면 손으로 직접 만진 것처럼 실감하게 된다는 뜻입니다. 강단의 설교가 이렇게 전달될 수 있다면 하나님의 '사랑'에 성도들은 '믿음'으로 화답하게 될 것입니다. 설교자에 대한 믿음 또한 더해질 것입니다.

수사학에서는 이를 '공신력(source credibility)을 가졌다'라고 부릅니다. 설교자의 말에 성도들이 '팥으로 메주를 쏜다 해도 믿는다'면 설교자의 공신력이 최고 수준에 도달한 것입니다. 이런 역량은 로고스, 파토스, 에토스, 이 셋을 다 가진 설교자에게만 가능한 일입니다. 이 단계로 나아가는 길을 우리에게 가까운 예를 통해 살펴보기로 합시다.

유홍준 교수가 쓴 『나의 문화유산답사기』의 일부입니다. 이 글에서 유 교수는 답사에 동행한 시인 고은 선생과 소설가 김주영 선생의 대조적인 모습을 소개합니다. 여기에서 산문을 쓰는 소설가 김주영 선생은 차가운 이성을, 그리고 운문을 쓰는 시인 고은 선생은 뜨거운 감성을 대표하는 인물로 생각하고 읽으시면 도움이 될 것입니다.

> 고은 선생은 그 불타는 열정을 대상에 다 쏟아 놓는다. 어딜 가도 정을 뿌리며 온몸으로 부딪치고, 있는 대로 정을 듬뿍 담아 온다. 계곡 물 만나면 발을 담가야 하고, 모래밭에선 맨발로 걸어야 하고 산에 오르면 절을 해야 하고 춤 패를 만나면 그 속에서 춤을 추어야 한다. 그래서 모름지기 그 대상과 혼연히 하나 되기를 원하며 그런 마음으로 시를 쓰기를 원한다. ……이에 반해 소설가 김주영은 아주 냉정하게 관

찰하며 좋아도 좋다는 말 한마디일 뿐 더 이상 감정의 진도가 안 나간
다. 그는 빨리 가서 빨리 보고 돌아오길 원했다. 오죽했으면 우리가 그
를 '속도전'이라고 불렀을까. 그러나 그는 그냥 힐끗 보는 것이 절대
아니었다. ······사물을 냉정하게 제3자 입장에서 따지며 보는 습성이
배어 있는 것이었다.[8]

열정적인 감성의 시인과 차가운 이성의 소설가의 특색 있는 모습이
눈앞에 보이는 듯합니다. 그러나 유 교수는 두 분의 공통점에서 공신
력의 비결을 찾아냅니다.

그런데 두 분이 아주 비슷한 것이 있었다. 수첩에 메모하는 것이었다.
김주영 선생의 작업 노트를 보면 누구든 기겁을 하고 말 것이다. 깨알
같은 글씨를 개미가 기어가는 필체로 아침이고 밤이고 틈만 나면 책
상에 웅크려 그리듯 써 나간다. 무얼 쓰는지 그렇게 쓴다. 저녁때 심심
해 옆방으로 마실 갔다가 미안해서 되돌아오는 것이 한두 번이 아니
었다. 고은 선생으로 말할 것 같으면 보름의 여행 중 1주일을 나와 한
방에서 지냈다. ······아침에 일어나면 고은 선생은 무언가를 계속 쓰고
계셨다. 내게 피해를 주지 않으려고 불도 쓰지 않고 화장실도 안 가며
쓰고 또 쓰고 있었다. 한번은 잠에서 깨고도 고은 선생의 시상(詩想)을
깨뜨리지 않으려고 꼼짝 않고 기다려 보았는데 메모하다 입에 펜을
대었다가 또 메모하다 먼 데 창밖을 보다가 하기를 무려 한 시간 넘게

반복하는 것이었다.

고은과 김주영은 가끔 다작(多作)을 결함으로 지적받는 것을 보아 왔다. 그러나 내가 보기에 이들은 그냥 많이 쓰는 것이 아니었다. 남과 똑같이 살면서 많이 쓴 것이 아니라 남보다 많이 살면서 많이 쓰는 것이었다. 그런 장인(匠人, 프로)적 노력과 열정이 글들의 일상 속에 그렇게 배어 있었던 것이다. 그에 비하면 나는 글쟁이로서는 생(生)아마추어였다.[9]

마지막 문장에서 자신을 생(生)아마추어라는 표현을 사용하며 낮추었지만, 저는 고은 선생이 감성, 그리고 김주영 선생이 이성을 대표한다면 유홍준 교수야말로 인성(ethos)의 대표라고 생각합니다. 그렇기에 수많은 독자들이 그분의 책을 사 보았을 뿐만 아니라 그 책을 들고 우리 문화유산 답사 순례에 나선 것 아니겠습니까?

이분들의 공신력의 비결을 눈치 채셨습니까? 열심히 관찰하고, 빠짐없이 기록하고, 계속해서 반추하는 치열한 과정을 겪고서야 사람의 마음을 움직일 만한 작품이 나올 수 있습니다. 설교도 작품이라면, 설교자들은 이분들 이상으로 많은 작품을 만들어 내야 합니다. 따라서 설교자는 시인이나 소설가보다 더 무거운 짐을 지고 있는 셈입니다. 이를 위해 "남보다 더 많이 사는 노력이, 장인적 노력과 열정이 일상에 자연스럽게 배어 있어야 한다"는 충고의 의미를 곰곰이 생각해 보시기 바랍니다.

앞에서 살펴보았듯이, 이 세 가지 능력을 한꺼번에 다 갖추기는 쉽지 않은 일입니다. '실력 있는 주방장' 하면 어떤 인상이 떠오르십니까? 성깔도 있고 한 치의 오차도 인정하지 않는 까칠한 모습, 이런 것 아닌가요? 논리적인 사람들의 모습이 대개 이렇습니다. 이런 사람들이 싹싹하고 친절한, 그리고 산뜻한 외모의 웨이터의 모습을 함께 갖는다는 것은 쉽지 않은 일입니다. 여기에 중후한 인품의 지배인의 모습까지 함께 갖추어야 한다는 것은 더욱 어려운 일일 것입니다. 좋은 설교자가 된다는 것은 이렇듯 결코 쉽지 않습니다. 그러나 어려울수록 더 귀한 법입니다. 이 세 가지 능력은 아무리 어렵다 해도 설교자의 노력에 따라 얻을 수 있습니다.

여기서 꼭 기억해야 할 점이 있습니다. 이 능력들을 갖추었다 해도 그것이 곧 좋은 설교자를 보장하는 것은 아니라는 점입니다. 물론 가능성은 높아질 것입니다. 그러나 설교자의 설교의 질을 판단하는 것은 언제 어디서나 말없이 듣고 계시는 하나님과 성도들이라는 사실을 절대로 잊지 마시기 바랍니다.

| 일러두기 | 본문에 적은 『수사학』 인용 표기는 아리스토텔레스의 저작을 표기하는 기본 관례에 따라 임마뉴엘 베커(Immanuel Bekker)가 편집한 그리스어 텍스트 표시(Ber;in, 1831)를 따랐다.

모든 메시지 준비는 기획으로부터 시작됩니다. 설교도 예외일 수 없습니다. 기획 단계에서 항상 기억해야 할 모토는 '조준 법칙에 맞추라'입니다. 일단 기억해 두십시오. 맞춰야 할 과녁은 두 가지, 목표와 코드입니다.

목표는 하늘나라요, 코드는 이 땅을 의미합니다. 즉, 목표는 하나님, 코드는 성도들의 마음입니다. 이 둘은 너무나 멀리 떨어져 있습니다. 떨어져 있는 거리가 바로 설교자가 이어 줘야 할 과제입니다. 결국 기획은 설교자의 과제를 확인하는 과정인 셈입니다.

설교의 '기획'

설교, 목표와 코드를
맞추는데서 시작하라

"오늘
대한민국을
설교하라"

大韓民國

01
목표, 하나님의 뜻에 맞추라

　부푼 기대를 안고 주일을 맞아 교회로 향하는 성도들은 맛깔스런 음식을 기대하며 레스토랑을 찾는 고객과 다름없습니다. 이들을 위해 음식을 장만하는 주방장이 바로 메시지를 준비하는 설교자입니다. 로고스라는 레시피를 가지고 시작해 봅시다. 이 레시피는 크게 기획, 조직, 정보라는 3단계를 거치게 됩니다.

　모든 메시지 준비는 기획으로부터 시작됩니다. 설교도 예외일 수 없습니다. 기획(企劃)의 의미를 한자로 풀어 보면 이렇습니다. 기(企)는 사람 인(人)에 그칠 지(止)를 더했으니, 기획을 위해서는 먼저 잠시 하던 일을 멈춰야 합니다. 아무리 급한 일이라도 이 시간만큼은 잠시 뒤로 미뤄야 합니다. 그리고 생각해야 합니다.

다음은 획(劃)입니다. 이는 그림 화(畵)에 칼 도(刀)를 합친 것입니다. 멈춰서 많은 그림을 그리라는 뜻입니다. '이번 주일 설교를 어떻게 할까?' 하는 식인 것입니다.

마지막 단계는 그 많은 그림 가운데 꼭 필요한 것만 남기고 모두 베어 내라는 뜻입니다. 결과적으로, 하고 싶은 이야기만 남아 두드러지게 보일 것입니다. 이것이 설교자의 최종 선택을 '부각'시키는 방법입니다. 부각(浮刻)은 뜰 부(浮)와 깎을 각(刻)을 합친 것입니다. 많은 그림 가운데 불필요한 것들을 깎아 내고 나면 자연스레 강조하고 싶은 부분만 뜨게 된다는 이야기입니다. 너무 많은 것을 말하려다 어느 것도 제대로 전달하지 못하는 것은 바로 많은 생각 뒤에 깎아 내지 못한 까닭입니다.

기획 단계에서 항상 기억해야 할 모토는 '조준 법칙에 맞추라'입니다. 일단 기억해 두십시오. 맞춰야 할 과녁은 두 가지, 목표와 코드입니다.

메시지 기획 단계에서 제일 먼저 생각할 점은 목표입니다. 혹시 포켓볼을 쳐 보셨습니까? 먼저 자기 당구공을 칩니다. 이 공이 다른 공을 맞춰 포켓에 집어넣으면 점수를 따게 됩니다. 여기서 포켓볼을 잘 치려면 가장 중요한 것이 무엇일까요? 치는 사람, 쳐야 할 자기 공, 혹은 맞출 공 가운데 어떤 것입니까? 생각해 보십시오.

죄송합니다만, 정답은 그 어느 것도 아닙니다. 포켓볼을 치는 프로들이 항시 주목하는 것은 포켓입니다. 비유로 말씀드리자면, 포켓은 설교의 목표를 의미합니다. 포켓에 들어가야 할 것은 설교자가 직접 치는 공이 아니라 맞출 공입니다. 즉 이 공이 바로 설교를 듣게 될 성도들인 것입니다. 그렇다면 설교자가 칠 공이 무엇을 의미하겠습니까? 바로 지금 준비하고 있는 설교 메시지입니다. 물론 치는 사람은 설교자입니다.

설교를 비롯한 모든 설득 커뮤니케이션은 목표를 이루기 위한 의도적인 작업입니다. 따라서 메시지를 준비하면서 최우선적으로, 그리고 항상 잊지 말아야 할 것은 목표입니다.

목표를 설정할 때는 하나님을 깊이 생각하고, 그다음엔 성도들을 깊이 생각하고, 성도들의 현 상황이 목표로부터 얼마나 떨어져 있는지, 혹시 반발심을 갖지는 않을지 등을 생각합니다. 그러고 나면 성도들의 현재 위치에서 목표 지점에 이르도록 하기 위해 어떤 이야기를 해야 할까를 생각하게 될 것입니다. 즉 목표-성도-메시지 순입니다. 이를 통해 원하는 성과를 얻고 나면 설교자는 자연스레 존경을 받게 될 것입니다.

이를 강조하는 이유는 이 순서가 제대로 지켜지지 않는 설교를 많이 접했기 때문입니다. 무엇보다 먼저 설교자 자신의 학력이나 경력을 자랑하게 되면 성도들은 거리감을 느끼게 됩니다. 메시지를 자랑하는 경우도 있습니다. 예를 들어 "오늘 전해 드릴 내용은 최근 미국에서 수많은 전문가들이 다년간 연구 끝에……' 하는 식의 이야기를 성도들이 들을 때 어떤 생각을 하게 될까요? '그래서 어쩌라고!' 하는 반발심을 불러일으키기 좋습니다. 또 어떤 설교자는 다짜고짜 성도들을 추켜올리는 경우도 있습니다. 그때는 '이거 왜 이래?' 하는 의구심을 불러올 수 있습니다.

'How' 보다 'Why'가 먼저다

생물학자들이 온대 지방에 사는 꿀벌 떼를 열대 지방 섬으로 옮겨 키우는 실험을 했습니다. 처음에는 꿀벌들이 본능적으로 겨울을 대비해 꿀을 모았다고 합니다. 그러나 겨울은 오지 않았고 꿀벌들은 점점 게을러졌습니다. 마침내 일할 이유가 없어진 꿀벌들은 꿀을 모으는 대신 자기들끼리 싸워 다치거나 많이 죽기도 하고, 사람들을 쏘아 대면서 시간을 보냈습니다. 이런 상황에서 주인이 계속해서 꿀을 모아 오라고 채근해 댄다면 꿀벌들이 뭐라고 말할까요? 아마도 "내가 왜?"일 것입니다. 사람도 이와 다르지 않습니다. 목표에 수긍하지 못하면 모든 것이 다 귀찮고 힘들어지고 서로 싸우기 일쑤입니다. 수긍(首肯)이란 고개를 끄덕거린다는 뜻입니다.

설교 메시지를 구상할 때 제일 먼저 물어야 할 것은 '왜?'입니다. '무엇을 위한 설교냐?' 하는 것입니다. 많은 사람들이 이 질문에 답하는 데 충분한 시간을 들이지 않고 너무 성급하게 '어떻게?'에 매달립니다. "다음 주일 설교를 어떻게 하지?" 시간은 다가오고, 뾰족한 생각은 안 나고, 갈수록 궁지에 몰렸다는 생각에 허둥대게 됩니다. 초조한 생각에 들춰 보게 되는 것은 무엇일까요? 결국 다른 사람의 설교

집이나 이전에 했던 비슷한 설교 자료를 찾게 되는 것입니다. 비슷비슷한 설교가 늘어나는 것은 이런 까닭입니다. 그 밥에 그 나물 앞에 앉은 성도들은 식상해할 수밖에 없습니다. 설교자도 자신감을 잃게 되는 것은 당연합니다.

새로운 메시지는 '어떻게'보다 먼저 '왜'를 생각할 때 만들어집니다. 목표를 이루려고 궁리하다 보면 '할 수 있는 설교'가 아니라 '해야 할 설교'를 생각하게 되기 때문입니다.

다른 예를 하나 들겠습니다. 미국에서 남북전쟁이 한창이던 때 링컨 대통령에게 급전이 왔습니다. 내용은 다음과 같습니다.

대통령 각하!
총사령관 미드 장군입니다. 현재 대치 중인 남군 리 장군의 군대가 6만 명이고 우리 군은 8만입니다. 각하께서도 잘 아시는 대로 공격을 하려면 1.5배 병력이 필요합니다. 따라서 1만 명의 병력을 긴급히 지원해 주시기 바랍니다.

공격을 위해선 적군 6만 명의 1.5배인 9만 명이 필요하다는 이야기입니다. 그러나 링컨에게는 1만 명의 여유 병력이 없었습니다. 만약 여러분이 링컨이라면 어떤 회신을 보내겠습니까? 링컨의 회신은 "왜 공격하려고 합니까?"였습니다. 이 '왜?'라는 단어에 기획의 핵심이 담겨 있습니다. 전투에 승리하기 위해 미드 장군은 공격을 계획했을 것입니다. 이 전투에서의 승리가 최종 목표입니까? 아닙니다. 종국의 목표는 남북전쟁의 승리입니다. 그렇다면 공격 대신 방어를 할 수도 있지 않겠습니까? 방어를 선택하면 미드 장군의 병력은 4만 명 이상이면 되었습니다. 여유 병력 4만 명을 갖게 되는 셈입니다. 이 여유 병력을 가지고 다른 전투를 마친 후 5만 명의 병력을 지원받아 리 장군의 군대를 공격할 수도 있지 않겠습니까?

더 큰 그림, 상위 목표를 생각하면 선택할 수 있는 여러 가지 옵션(option)들이 보입니다. 이를 가능하게 하는 것이 바로 '왜?'라는 질문입니다.

다른 예를 하나 더 보겠습니다. 우주 탐사를 둘러싼 미국과 소련의 경쟁이 치열했던 1960년대, 무중력 상태에서는 볼펜을 쓸 수 없어 기록을 할 수 없는 어려움을 겪고 있었습니다. 중력이 없어 잉크가 내려오지 않기 때문이었습니다. 미국우주항공국(NASA)에서는 수백만 달러의 연구비와 연구 인력을 동원해 우주에서 쓸 수 있는 펜을 개발했습니다. 일명 '스페이스 펜 프로젝트'(space pen project)였습니다. 그러고는 소련에 자랑을 했습니다. "너희는 우주에서 볼펜을 어떻게 쓰냐?" 소련 측의 대답은 무엇이었을까요? "우리는 연필로 쓰는데!"

먼저 '왜' 볼펜이 필요한지를 물었다면 이 어리석은 낭비를 막을 수 있었을 것입니다. 그렇다고 소련이 항상 영리했던 것만은 아닙니다. 달 착륙 경쟁에서 미국에 뒤진 소련은 달의 뒤쪽에 착륙을 시도했습니다. 달은 자전을 못하는 까닭에 지구를 향한 앞쪽은 밝지만 뒤쪽은 항상 어둡습니다. 그래서 착륙선에 전구가 필요했습니다. 그런데 이 전구가 착륙의 충격으로 깨져 버리는 난관에 봉착했습니다. 다양한 방법을 시도했지만 소용이 없었습니다. 고민 끝에 원로 과학자를 찾아 자문을 구했더니, 간단히 한마디만 했다고 합니다. "전구에 유리가 왜 필요한데?" 전구에 유리가 왜 필요합니까? 필라멘트가 산소와 접촉되면 타 버리기 때문에 이를 차단하기 위해 필요한 것입니다. 그런데 달에는 산소가 없습니다. 결국 달 착륙선에 매달 전구에 유리는 필요 없었던 것입니다.

목표로부터 역산(逆算)하라

보다 효율적으로 '해야 할 설교'를 끌어내려면 목표로부터 역산(逆算)해야 합니다. 예를 들어 '30분 정도의 설교가 끝났을 때 성도들이 이렇게 생각이 바뀌도록 하겠다'라는 것이 설교자가 설정한 목표라 칩시다. 역산이란 '설교 시작 20분 후에는, 그리고 10분 후에는 성도들의 생각이 어디까지 바뀌어야 할까'를 계산하라는 이야기입니다. 그러면 여러 가지 생각들이 떠오를 것입니다. 앞에서 말씀드린 '기획'의 의미를 기억하십니까? 그 많은 생각들 가운데 필요한 것만 남기고 잘라 내면 됩니다. 논리적인 설교는 이런 절차를 통해 만들어집니다.

역산은 기업에서는 아주 익숙한 단어입니다. 예를 들어 올해 매출 목표가 100억이라 칩시다. 분기별 기획안을 작성할 때 3분기, 즉 9월 말까지는 80억, 그전인 6월 말까지는 60억, 그리고 3월 말까지는 40억하는 식입니다. 기업에서 이런 방식을 쓰는 이유는 무엇일까요? 무슨 일이 있어도 목표를 이루어 내야 한다는 사명감의 발로일 것입니다.

설교에서의 역산 또한 무슨 수를 써서라도 목표를 이루고야 말겠다는 설교자의 열심을 전제로 합니다. 지금은 하늘과 땅만큼 멀리 떨어져 있는 하나님과 성도들의 마음을 설교를 통해 꼭 이어 주길 원하는 설교자의 열심 말입니다. 이런 열심을 통해 새로운 메시지가 만들어집니다. 바울은 이를 애타게 기다리는 신랑을 위해 신부의 마음을 훔치려는 중매쟁이에 비유하면서 이 열심의 근원을 밝힙니다.

"내가 하나님의 열심으로 너희를 위하여 열심을 내노니 내가 너희를 정결한 처녀로 한 남편인 그리스도께 드리려고 중매함이로다"(고후 11:2).

이 결혼을 꼭 성사시키고 말겠다는 중매쟁이라면 무엇보다 먼저 처녀의 마음을 사야 하지 않겠습니까? 목표 설정 없는 메시지 작성은 과녁 없이 쏘는 화살과 같습니다. 그냥 마음 내키는 대로 쏘고 난 다음에 과녁을 그리는 사람들도 있습니다. 이런 설교자들의 화살은 백발백중입니다. 혼자 흐뭇해할 수도 있겠습니다. 그러나 설교의 평가는 설교자의 것이 아닙니다. 말없이 듣고 계시는 하나님과 성도들의 마음도 흐뭇할지 생각해 볼 일입니다.

분명한 목표를 문장으로 적어라

목표 설정에서 유의해야 할 점은 결과를 중심으로 되도록 구체적인 목표를 설정해야 한다는 점입니다. 구체적인 목표가 있어야 구체적인 전략이 서고, 구체적인 성과가 있는 법입니다.

막연히 머릿속으로만 생각하지 말고 분명한 목표를 문장으로 만들어 적는 것이 좋습니다. 예를 들면 '오늘은 새벽기도의 중요성을 강조해야지' 하는 정도로는 부족합니다. 이보다는 '오늘 설교를 들은 우리 성도들의 3분의 2가 새벽기도회를 참석하도록 하겠다'는 분명한 목표를 글로 적어야 합니다.

구체적인 목표가 항상 가능한 것은 아니라는 어려움을 인정합니다. 눈에 보이지 않는 믿음의 성장을 정확히 측정하기란 어려운 일입니다. 그러나 가능하다면 최대한 구체적인 목표를 설정하는 노력이 필요합니다. 구체적인 목표는 설교의 효과를 평가하는 기준이 되기 때문입니다. 평가가 없으면 체계적인 발전을 기대하기 어렵습니다.

성도들의 수준을 파악하라

목표 설정에서 또 하나 유의해야 할 점은 성도들의 수준을 고려해야 한다는 점입니다. 딱딱한 음식도 소화할 수 있는지, 혹은 죽을 먹어야 할 어린아이 수준인지 판단해야 합니다. 설교의 목표는 성도들의 수준보다 조금 높게 설정하는 것이 좋습니다. 설교자가 요구하는 수준이 너무 높으면 성도들은 그냥 그 자리에 주저앉아 포기해 버립니다. 성도들의 수준보다 낮은 목표의 설교는 소용없는 설교, 즉 할 필요도 없는 설교가 되고 맙니다.

적절한 수준의 목표를 설정하는 방법을 말씀드리기 위해 앞에서 예로 들었던 '성도들의 3분의 2가 새벽기도회를 참석하도록 하겠다'라는 경우를 예로 사용하겠습니다. 우선 성도들이 새벽기도에 관해 어떤 생각을 하고 있는지 면밀히 '관찰'하십시오. 만약 성도들 대부분이 아직 새벽기도의 필요성을 실감하지 못하고 있다면 설교가 너무 무거운 부담이 되어 반감을 사게 될 것입니다.

다음으로 '비교'하십시오. 비교에는 두 가지가 있습니다. 첫째는 시간을 중심으로 지난날과 오늘, 그리고 내일을 비교하는 통시적(通時的)인 비교입니다. 이를 통해 새벽기도회의 참석 인원이 늘어나고 있는지, 혹은 줄어들고 있는지 그 흐름을 알 수 있습니다. 둘째는 같은 시간에 우리 교회와 다른 교회, 혹은 다른 교단의 경우를 비교하는 공시적(共時的)인 비교입니다. 이 두 가지 비교는 지도의 위도와 경도 같은 것입니다. 이 둘을 통해 우리는 현 위치, 즉 우리 교회 새벽기도회의 위상(位相)을 알게 될 것입니다.

다음 단계는 앞에서 확인한 현황, 즉 시간적이고 공간적 차이의 원인을 찾는 '분석'입니다. 새벽기도회의 참석 인원이 과거에 비해 줄었고 다른 교회보다 적다면 그 이유를 찾는 것입니다. 밤늦게까지 활동하는 생활 패턴 때문일 수도 있고, 새벽기도 중요성에 대한 인식이 부족한 탓일 수도 있고, 그 외에 다양한 이유가 있을 수 있습니다.

이제 분석된 원인에 따라 '예측과 처방'을 하는 마지막 단계입니다. 그러므로 '새벽 제단을 쌓으며 하나님께 드리는 기도의 중요성을 충분히 알게 해 성도들의 3분의 2가 새벽기도회를 참석하게 하겠다'라는 구체적인 목표를 설정하게 되는 것입니다.

여기서 말씀드린 '관찰'에서부터 '예측과 처방'에 이르는 4단계는 거의 모든 논리적 사고에 통용되는 방법입니다. 얼마 전, 한 호텔 직원 교육에서 들었던 사례 하나를 보도록 하겠습니다.

작년 봄, 두 가족의 상견례가 있던 날이었습니다. 자리가 몹시 불편하셨는지 유난히 신부 측 어머니께서 거의 식사를 못하시는 것을 발견했습니다. 코스의 시작부터 끝까지 포크와 나이프를 사용해야 하는 요리들이 나왔는데, 가만히 보니 어머니의 한쪽 손의 색깔이 살짝 다르다는 것을 느꼈습니다.

자리가 불편해서 못 드시는 것이 아니라 혹여 의수를 착용한 본인 때문에 딸의 혼사에 조금이라도 누가 될까 염려되어 온몸에 식은땀을 흘리며 식사를 못 드시는 것이었습니다. 그 자리에서 음식을 잘라 드릴 수도 있었지만, 저는 주방으로 살며시 들어가 한 분의 식사만 전혀 티가 나지 않게 한 입 크기로 잘라 조리해 줄 것을 부탁했습니다. 다행히 상견례는 무사히 마무리되었습니다. 가족들이 모두 자리를 뜨자 어머님이 마지막까지 기다렸다가 제 손을 잡고 뜨거운 눈물을 쏟아 내셨습니다.

"아가씨, 어떻게 알았어요. 우리 딸아이에게 상처를 주고 싶지 않았는데, 아가씨 덕분에 그럴 수 있게 되었어요. 정말 고마워요."

이 직원의 감동적인 배려는 '관찰'로부터 시작되었습니다. 유독 한 분만 식사를 못하시고 있다는 사실을 주목한 것입니다. 다른 사람들의 아픔과 어려움에 무심한 사람이었다면 관찰하지 않고 그냥 지나쳤을 것입니다. 다음은 두 손의 색깔을 '비교'해 한쪽 손이 의수라는 사실을 알아내는 '분석'을 거쳤습니다. 여기서 대신 잘라 주면 감추고 싶은 비밀을 폭로하게 될 것이라 '예측'하고 주방에 들어가 특별 주문을 하는 '처방'을 내리게 되었던 것입니다. 이 호텔에서는 이를 '진심 어린 배려'(genuine care)라고 부른다고 했습니다. 강단에서 선포되는 설교가 성도들에게 이런 감동을 이끌어 내는 진심 어린 배려가 될 수 있기를 기원합니다.

02 코드, 성도들의 마음에 맞추라

　기획의 모토는 '맞추라'라는 사실을 기억하십니까? 목표에 이어 두 번째로 맞춰야 할 것은 성도들의 코드입니다. '코드'란 정치적인 이념을 뜻하는 것이 아니라 성도들의 특징을 통칭하는 것입니다. 그러므로 코드에 맞추라는 것은 성도들의 신앙과 지식수준으로부터 그들의 기도 제목 등 다양한 특징들에 맞추라는 이야기입니다. 앞에서 살펴본 목표가 '하나님의 마음'이라면 코드는 '성도들의 마음'이라 생각하시면 됩니다. 성도들의 마음에 맞춰야 할 이유부터 살펴보도록 하겠습니다.

이 그림은 수사학적 관점에서 본 성도들의 모습입니다. 성도들의 이마에 적혀 있는 'WIIFM'은 무슨 뜻일까요? 'What's In It For Me', 즉 '나에게 무슨 도움이 되는데?'라는 의미입니다. 성도들은 FM(For Me, 나를 위한) 방송만 듣습니다. 내게 도움이 된다 느끼면 귀를 기울이고, 아니다 싶으면 귀를 닫는다는 뜻입니다. 성도들이 설교에 귀를 기울이게 하려면 이 벽을 뚫어야 합니다. 수사학에서는 이를 '얼음 깨기'(Ice Breaking)라 부릅니다. 그리고 '얼음 깨기의 가장 강력한 무기는 FM'이라 가르칩니다.

설교도 다르지 않습니다. 얼음장처럼 굳어 있는 성도들의 마음의 문을 열 수 있는 길은 '이 설교가 내게 도움이 되겠는데'라고 느끼게 만드는 것입니다. 이를 위해서는 성도들을 잘 알아야 합니다. 그 마음 속까지 들여다볼 수 있어야 합니다. 그래서 성경은 "네 양 떼의 형편을 부지런히 살피며 네 소 떼에게 마음을 두라"(잠 27:23)라고 권면합니다. 오늘 설교가 자신이 오래도록 안타까운 눈물의 기도로 구하는 문제에 관한 이야기라면 귀를 기울이지 않는 성도는 없을 것입니다. 앞에서 이야기했듯이 '킬링 포인트는 러빙 포인트'입니다.

사람 낚는 어부로 부르심을 받은 설교자

코드에 맞추라는 의미를 다른 방식으로 이야기해 보겠습니다. 여러 해가 지난 일입니다만, 혹시 〈흐르는 강물처럼〉이라는 제목의 영화를 기억하십니까? 로버트 레드포드 감독 작품으로 미국 몬태나 주의 한 목회자 가정의 이야기입니다. 아버지 목사와 두 아들이 모두 연어 낚시를 즐깁니다. 그 가운데 한 장면을 아직도 기억합니다. 둘째 아들이 그야말로 사투 끝에 큼지막한 연어를 낚아 올리는 데 성공합니다. 아버지는 칭찬을 아끼지 않습니다.

"넌 훌륭한 낚시꾼(fine fisherman)이다."

그러자 아들이 대답합니다.

"고기하고 똑같이 생각하려면 아직 3년은 더 있어야 해요."

다시 아버지가 말합니다.

"넌 벌써 위대한 낚시꾼(great fisherman)과 같이 생각하고 있구나!"

'훌륭한' 낚시꾼과 '위대한' 낚시꾼의 차이를 아시겠습니까? '고기하고 똑같이 생각할 수 능력'이 있어야 고기가 좋아하는 미끼를 알 수 있습니다. 낚시꾼이 좋아하는 것이 아닙니다. 좋아할 것이라고 추측하는 것도 아닙니다. 정말 고기가 좋아하는 것을 알 수 있을 때 비로소 위대한 낚시꾼이 될 수 있습니다. 이것은 사람 낚는 어부로 부르심을 받은 설교자에게도 해당되는 대목이 아닐까요?

설교는 '성공'을 위한 가르침이 아니다

여기서 '고기와 똑같이 생각할 수 있어야 한다'는 말의 의미를 깊이 생각해 보아야 합니다. '똑같이 생각한다'는 것은 동의(同意) 혹은 동조(同調)를 의미하는 것입니까? 위대한 설교자가 되려면 성도들이 모든 언행에 "옳다, 옳다" 하며 장단을 맞춰야 된다는 이야기입니까? 그렇다면 '고객은 왕'이라고 가르치는 세상과 교회가 다른 것이 무엇이겠습니까?

성도는 왕이 아닙니다. 목사도 왕이 아닙니다. 성도들에게 왕은 단 한 분뿐이십니다. 예수님만이 우리 왕 중의 왕이십니다. 이 대목을 잘못 해석하면 설교가 '성공'을 위한 가르침으로 전락하고 맙니다. 성공은 세상 사람들의 목표입니다. 교회는 세상과 같은 목표를 갖는 순간 더 이상 교회가 아닙니다. 소위 번영의 신학은 성공이라는 목표를 위해 하나님을 이용하는 것입니다. 하나님께 나를 써 달라는 헌신과는 하늘과 땅만큼이나 먼 이야기입니다.

앞에서 '설교는 택일이 아니라 우선순위'라고 말씀드린 것을 기억하실 것입니다. 저는 기획 단계에서 목표와 코드, 이 두 가지를 모두 맞추라고 말씀 드리고 있습니다. 그러나 순서는 분명 목표가 먼저입니다. 코드보다 성도들을 향한 하나님의 마음을 확실히 앞장 세워야 합니다.

은유의 옷을 입은 진리로 다가가라

다시 설교자를 고객들을 위해 맛깔스런 음식을 준비하는 요리사에 비유하면, 코드를 맞추라는 것은 성도들이 '원하는 것'(what they want), 즉 입맛에 맞추라는 뜻이 됩니다. 아직 성화(聖化)의 단계에 있는 성도들이 원하는 것은 그들에게 '필요한 것'(what they need)과 다를 수 있습니다.

마치 어린아이들이 원하는 음식이 건강에 좋지 않은 패스트푸드일 가능성이 높은 것과 마찬가지입니다. 설교자가 고민 끝에 설정한 목표에 흔쾌히 동의하는 성도들이 많지 않은 이유도 이런 까닭입니다. 그러나 설교자는 언제라도 성도들의 믿음의 건강을 걱정해야 합니다. 따라서 성도들의 입맛을 생각하되, 설교자가 준비해야 할 꼴은 그들의 기대와 다를 수 있습니다.

입맛과 건강이 상반되는 경우에는 어떻게 해야 할까요? 쉽지 않은 문제입니다. 그래서 설교가 어려운 것입니다. 이 문제는 수사학에서도 오랫동안 고민해 온 문제입니다. 해결책은 '당의정'(糖衣錠)입니다. 아무리 몸에 좋다지만 쓴 약을 그냥 주면 아이들이 먹습니까? 먹이기 위해 사탕발림을 해야 하는 것입니다. 일단 먹게 한 뒤, 몸 안에서 피가 되고 살이 되게 하는 방법입니다. 설교도 다르지 않습니다. 아무리 좋은 설교라도 일단 성도들이 듣게 하려면 사탕발림을 해야 합니다.

아마 충격적이라 생각하시는 분들도 있을 것입니다. 그러나 나쁜 의도를 위한 사탕발림이 아닙니다. 이 문제를 제대로 해결하지 못하면 그냥 들이대는 설교가 되고 맙니다.

약이야 억지로 먹일 수 있다지만 설교를 어찌 억지로 듣게 할 수 있겠습니까? 그래서 수사학의 도움이 필요합니다. 앞에서 수사학적 방법은 어떤 의도에 따라 사용되느냐에 따라 결과가 달라진다고 이야기한 바 있습니다.

예수님이 비유가 아니면 말씀하지 않으셨던(마 13:34) 이유가 무엇일까요? 나단 선지자가 우리아의 아내 밧세바를 취한 다윗 왕 앞에서 꺼낸 이야기가 무엇입니까? 다윗의 행위를 악하게 보신 하나님의 명령을 받고 다윗 왕을 찾은 나단은 엉뚱한 이야기를 꺼냅니다.

"여호와께서 나단을 다윗에게 보내시니 그가 다윗에게 가서 그에게 이르되 한 성읍에 두 사람이 있는데 한 사람은 부하고 한 사람은 가난하니 그 부한 사람은 양과 소가 심히 많으나 가난한 사람은 아무것도 없고 자기가 사서 기르는 작은 암양 새끼 한 마리뿐이라 그 암양 새끼는 그와 그의 자식과 함께 자라며 그가 먹는 것을 먹으며 그의 잔으로 마시며 그의 품에 누우므로 그에게는 딸처럼 되었거늘 어떤 행인이 그 부자에게 오매 부자가 자기에게 온 행인을 위하여 자기의 양과 소를 아껴 잡지 아니하고 가난한 사람의 양 새끼를 빼앗아다가 자기에게 온 사람을 위하여 잡았나이다 하니"(삼하 12:1-4).

이처럼 가난한 이웃의 작은 새끼 양 한 마리를 빼앗은 불의한 부자

이야기입니다. 다윗은 일단 나단 선지자의 말을 청종합니다. 그리고 "여호와의 살아 계심을 두고 맹세하노니 이 일을 행한 그 사람은 마땅히 죽을 자라"(삼하 12:5) 하며 분개합니다. 여기서 나단의 "당신이 그 사람이라"(삼하 12:7)라는 준엄한 지적이 나옵니다. 이에 다윗이 "내가 여호와께 죄를 범하였노라"(삼하 12:13)라고 하며 회개합니다. 처음부터 다윗의 죄를 직접적으로 지적했다면 이런 효과를 얻을 수 있었을까요? 이런 비유가 바로 사탕발림 기법입니다. 일단 듣게 하고 스스로 깨닫게 만들기로는 이만한 방식이 없습니다.

19세기 미국의 유명한 시인이었던 에밀리 디킨슨은 이를 '비스듬한 방식'(a slanted way)이라 불렀습니다.

모든 진리를 말하라. 그러나 좀 비스듬히 말하라.
우회하지 않고는 진리를 말하는 데 성공할 수 없나니
진리는 연약한 우리가 직접 기뻐하기엔 너무 환하고
그 수려함은 도리어 우리를 놀래키는 것이라서

아이에게 천둥을 가르치려면
차라리 차근차근히 얘기해야 하듯
진리의 빛 또한 차근차근히 비쳐야 하나니
그렇지 못하면 모두 맹인이 되고 말리.

탈무드에 이런 이야기가 있습니다.

아주 먼 옛날에 진리가 태어났다. 그는 자기가 진리임이 너무나 자랑스러워 태어난 모습 그대로 벌거벗은 채 사람들 앞에 나타났다. 그러자 사람들은 민망한 나머지 어이가 없다는 듯이 그를 받아들이지 않았다.
그러던 어느 날 진리는 사람들이 앞다투어 반기는 어떤 이를 보았다. 그는 은유였다. 그래서 진리는 은유에게 하소연했다.
"형제여, 자네는 참 좋겠네. 하지만 나는 모든 것이 끝났다네. 나는 이미 나이가 들었고 노쇠하여 모두가 나를 피하고 있네."
그러자 은유가 대답했다.
"당신이 말하는 것은 사실이 아니오. 사람들은 당신이 나이가 들었기 때문에 멀리하는 것이 아니라는 말이오. 나도 나이가 들긴 당신과 마찬가지라오. 내가 비밀 하나를 가르쳐 주겠소. 사람들은 나처럼 화려한 옷을 입고 다니는 것을 좋아하오. 그러니 내가 내 옷을 당신에게 빌려 주겠소."
진리는 은유의 조언에 따라 그가 건네는 화려한 옷을 걸쳐 입었다. 그러자 사람들이 그를 따뜻하게 반기며 맞아 주었다. 이후부터 진리와 은유는 서로 떨어질 수 없는 친구가 되어 함께 다니기 시작했다.[10]

'은유의 옷을 입은 진리'라니 절묘한 표현 아닙니까? '하나님의 아들'이 '사람의 아들'(人子)로 모습을 바꿔 우리에게 다가오신 순간입니다. '당의정' 혹은 '사탕발림'이라는 제가 만든 용어보다 훨씬 부드러우면서도 그 의미를 더 잘 표현하고 있지 않습니까? '진리와 은유는 서로 떨어질 수 없는 친구가 되었다'라는 구절의 의미를 깊이 새겨 보시기를 바랍니다. 신학과 수사학이 만나서 좋은 친구가 되어야 합니다. 그래야 여기서 좋은 설교가 나옵니다.

수사학에서는 사람의 마음 바깥쪽에는 손잡이가 없다고 가르칩니다. 스스로 문을 열고 나오도록 유도해야 한다는 뜻입니다. 강제로 문을 열려면 폭력적인 방법을 쓸 수밖에 없습니다. 그러려면 많은 무리와 희생이 따르기 마련입니다. 이런 방식을 전문적으로 교육받는 사람들이 있습니다. 다름 아닌 보험 컨설턴트와 같이 영업하는 분들입니다.

요즘은 많이 나아졌습니다만, 보험에 관해 긍정적으로 생각하고 컨설턴트를 반갑게 맞는 고객은 거의 없습니다. 먼저 문을 열게 하기 위해서는 혹할 만한 이야기를 시작해야 합니다. 한두 번 흥미를 보이면 기회를 놓치지 말고 재빨리 문틈으로 발을 집어넣어야 합니다. 이를 풋 인(foot-in) 전략이라 부릅니다. 그러고는 돌려 말합니다. 거부감 없이 듣다가 보험의 필요성을 스스로 깨닫도록 유도하는 방식입니다. 고객과 논쟁해서 이기는 순간, 계약은 없다는 사실을 이들은 잘 알고 있습니다. 직접적인 화술로는 목표를 이룰 수 없습니다.

자기를 비워 종의 형체를 가지신 예수를 기억하라

1997년 4월 16일에는 여러 해 동안 아시안연합신학대학원 선교학 교수로 수고하신 마린 넬슨 박사의 "한국교회에 대한 나의 도전"이라는 강연이 있었습니다.

여기에서 넬슨 박사는 고린도전서 13장의 형식을 빌려 새로운 문화를 이해할 뿐 아니라 적응하고자 힘썼던 자신의 노력을 다음과 같이 소개했습니다.

……사랑은 오랜 언어 습득 과정을 참으며, 자신의 발음을 흉내 내는 사람들에게 친절하며, 사랑은 고국에 있는 사람들을 부러워하지 않으며, 사랑은 고국의 문화를 높이지 않으며, 자신의 국가를 우월하게 뽐내지 아니하며, 우리가 고국에 돌아가서 하는 방식을 자랑하지 않으며, 자신의 고국산천의 아름다움을 말하는 데 쉽게 자극받지 아니하며, 현지 문화에 대해 악한 것을 생각지 아니하며, 사랑은 자신의 고국의 문화에 대한 모든 비판을 견디며, 이곳 새로운 곳에서 고국에 있는 듯한 편안함을 자신 있게 성취하며, 모든 불편함을 견디느니라.

……내가 미국에 있었을 때에는 말하는 것이 미국인과 같았고, 깨닫는 것이 미국인과 같았고, 생각하는 것이 미국인과 같았다가 미국을 떠나서는 미국적인 것을 버렸노라. 우리가 이제는 서투르게 이 문화에 적응하지만 주께서 그 안에 친밀히 거하실 것이요, 이제는 내가 이상한 발음으로 이야기하나 주께서 마음에 말씀하시리라. 그런즉 문화 적응, 언어

습득, 사랑 이 세 가지는 항상 있을 것인데 그중에 제일은 사랑이라.[11]

넬슨 박사의 방식은 결코 독창적인 것이 아닙니다. 이미 오래전 성경에 기록된 예수님의 방식입니다.

"그는 근본 하나님의 본체시나 하나님과 동등 됨을 취할 것으로 여기지 아니하시고 오히려 자기를 비워 종의 형체를 가지사 사람들과 같이 되셨고"(빌 2:6-7).

예수님이 위대한 설교자가 되실 수 있었던 비결은 바로 이것입니다. 사람들과 같이 되심으로써 예수님은 그들이 '원하는 것'이 무엇인지 분명히 알고 계셨습니다. 이를 보통 '이해했다'고 표현합니다. 그러나 여기서 잊지 말아야 할 점은 예수께서 인간의 욕망에 전적으로 동의하신 일은 전혀 없었다는 사실입니다. 예수께서는 항시 말씀을 통해 그들에게 '필요한 것'을 제공하셨습니다.

이해하지만 동의하지는 않는다

'이해하지만 동의하지는 않는다'는 말의 뜻이 이해가 되십니까? 사람들은 보통 '이해는 동의'라고 생각합니다. 이런 의문점들을 잘 풀어서 설명하고 있는 것이 수사학입니다. 이해는 곧 동의라는 생각은 오해입니다. 예수님이 사용하신 방법을 현대 수사학에서는 '공감'(共感)

이라 부릅니다. 보편적인 인류의 감정, 희로애락을 똑같이 느끼셨다는 이야기입니다.

진정한 이해는 공감이지 동의가 아닙니다. 옳고 그름을 따지는 것도 아닙니다. 공감이란 나를 버리고 모든 생각의 중심을 상대에게 옮겨 그 속마음을 헤아리는 것입니다. 그러므로 동의할 수 없으나 공감할 수 있어야 진정한 이해라는 것입니다.

미국의 한 학교에서 실제로 있었던 일입니다. 선생님은 학생들에게 자신을 미국으로 이민 온 중국인이라 생각하고 고향에 있는 친지에게 편지를 써 보라는 숙제를 내주었습니다. 서양에서의 자랑할 만한 경험담을 포함해서 쓰는 것이었습니다. 그런데 어떤 학생이 편지를 온통 한자로 써 버린 것입니다. 당연히 선생님은 읽을 수 없었습니다. 만약 당신이 선생님이라면 어떤 학점을 주시겠습니까? 저 같으면 망설임 없이 'A+'를 주겠습니다. 숙제를 낸 선생님은 당연히 영어로 쓸 것을 기대했을 것입니다. 그러나 이 학생의 마음은 이미 편지를 받을 사람, 즉 고향의 친지에게로 옮겨 간 것입니다. 그러니 당연히 한자로 써야 했던 것입니다. 선생님의 기대를 넘어선 학생이라면 'A+'를 받아 마땅하지 않을까요?

다른 예를 하나 더 보겠습니다. 몇 해 전 미국 버지니아공과대학에서 총기 난사 사건이 있었던 일을 기억하십니까? 범인은 한국에서 이민을 간 조승희라는 학생이었습니다. 희생자들을 기리는 꽃다발 밑에 조그만 편지 한 장이 놓여 있었습니다. 내용은 다음과 같습니다.

네가 그토록 절실히 필요로 했던 도움을 얻지 못했다는 것을 이제야 알게 되어서 참 슬프다. 오래지 않아 너희 가족이 위로와 치유를 얻기 바란다. 하나님의 축복이 함께하길……. 바바라(I feel sad in knowing that you did not get help that you so desperately needed. I hope in time that your family will find comfort and healing. God Bless, Barbara).

누구에게 쓴 편지입니까? 바로 조승희에게 쓴 편지입니다. 조승희의 행동은 결코 잘했다는 것이 아닙니다. 미리 알고 도움을 주지 못한 안타까움을 적은 것입니다. 공감이란 '나를 버리고 모든 생각의 중심을 상대에게 옮겨 그 속마음을 헤아리는 것'입니다. 바로 이런 것이 공감이 아닐까요? 대단한 학생입니다. 그러나 더 놀라운 것은 이런 편지를 용납하는 사회의 수준입니다. 이런 상황에서 공감을 할 수 있는 것은 결코 쉬운 일은 아닙니다.

이런 공감의 능력을 영어로는 'empathy'라 부르고 우리말로는 '감정이입'이라 부릅니다. '자신의 감정을 옮겨(移) 다른 사람 속에 집어넣는다(入)'는 뜻입니다. 그리하면 그 사람과 같은(如) 마음(心)을 갖게 됩니다. 이 두 한자, '같을 여(如)'와 '마음 심(心)'을 합치면 무슨 한자가 됩니까? 바로 '용서할 서(恕)'가 됩니다. 죄는 미워도 사람은 미워하지 않는 것은 이 능력을 가진 사람에게만 가능한 일입니다.

공감이란 즐거워하는 자들과 함께 즐거워하고 우는 자들과 함께 우는 것입니다(롬 12:15). 우리에게도 이런 능력이 있었습니다. 그런데 언제부터인가 우리는 사촌이 논을 사면 배가 아프고, 다른 사람의 불행이 나의 행복이 되어 버렸습니다. 다시 회복해야 할 능력입니다.

세상 사람들은 "죄인을 정죄하는 것은 마땅하다"고 외칩니다. 틀린 말은 아닙니다. 그러나 교회는 그 이상이어야 합니다. 먼저 우리 또한 속죄함을 받은 죄인이라는 사실을 고백해야 합니다. 그리고 그들의 현실을 안타까움으로 공감하고 진정으로 용서하는 일에 앞장서야 합니다. 그렇게 한다면 세상이 한국교회를 통해 교훈을 얻게 될 것입니다. 물은 높은 곳에서 낮은 곳으로 흐르기 때문입니다.

"너희 안에 이 마음을 품으라 곧 그리스도 예수의 마음이니……자기를 낮추시고 죽기까지 복종하셨으니 곧 십자가에 죽으심이라"(빌 2:5-8).

모든 설교자의 표상이신 예수님의 마음은 바로 이것이라 생각합니다. 설교자는 자신을 낮추어야 합니다. "성자처럼 생각하되, 탕자처럼 말하라"라는 당부를 기억하십니까? 이것이 바로 성도들과 멀어져 힘을 잃어버린 설교가 다시 그 능력을 회복하는 길입니다. 내키지 않을 수 있습니다. 오늘 대한민국에서 하루하루 힘든 삶을 이어 가는 성도들을 어여삐 여겨 알아듣도록 타이르고 또 타일러 하늘나라 가는 길을 밝히 보여 주기 위해 무슨 일이든 마다하지 않는 설교자의 힘쓰고 애쓰는 모습에 성령님의 도우심이 함께할 것입니다.

앞에서 에토스의 실제적인 예로 들었던 유홍준 교수의 『나의 문화유산답사기』 북한 편에 나오는 이야기 하나를 소개하겠습니다. 북한 유적 답사를 준비하던 그가 가장 신경 쓴 것은 고고학 학술 용어였습니다. 우리는 한자 투의 용어를 그대로 쓰지만 북한에서는 모두 조선말로 바꿔서 사용하기 때문입니다. 그는 열심히 공부했습니다. 그리고 용어들이 입에 붙도록 연습했습니다. 평양 근교에 있는 고분을 방문하는 자리에서 동행했던 북한 학예관에게 유홍준 교수가 물었습니다.

"이게 돌칸 흙무덤이군요?"

"예, 석실 봉토분입니다."

이렇게 대화를 나누고 씩 웃는 웃음 가운데 동포의 정이 흘렀다고 적혀 있습니다. 유홍준 교수는 북한의 용어를, 북한 학예관은 남한의 용어를 쓴 것입니다.

그 결과 일과 사람을 한꺼번에 얻었습니다. 학술 정보뿐만 아니라 동포의 정까지 확인했으니 말입니다. 비결은 '나는 너에게, 너는 나에게' 맞추는 것입니다. 이 원칙을 설교 현장에서 어떻게 활용할 수 있을지 고민해 보시기를 바랍니다.

코드를 맞추지 못하는 세 가지 이유

사실이 이런데도 불구하고 설교자가 성도들의 코드에 잘 맞추고 있는 것 같지 않습니다. 세 가지 이유를 생각할 수 있습니다.

첫째, 설교자가 성도들에 관해 정확하게 알고 있지 못하기 때문입니다. 막연하게 혹은 어림잡아 정도가 아니라 정확하게 알아야 맞출 수 있습니다. 방송인 박경림 씨를 아십니까? 그의 책 『박경림의 사람』을 보면 월드컵 4강의 신화를 만든 히딩크 감독과 만난 이야기가 나옵니다. 단 한 번의 만남으로 그를 자신의 팬으로 만들어 버렸다는 이야기입니다. 그 비결이 궁금하지 않으십니까?

"내겐 너무 값진 선물이에요. 내게 너무 필요한 선물이고요. 이제 우리 팀이 이기면 그건 다 경림 씨 덕입니다."

여자 친구 엘리자베스도 옆에서 연신 환호성을 질렀다. 그때 선물한 것이 바로 PMP, 들고 다니며 각종 멀티미디어를 즐길 수 있는 기기였다. ……워낙 비행기를 타고 이동을 많이 하시는 분이니 PMP가 하나 있으면 비행기에서도 경기 분석을 할 수 있을 거라고 생각했는데 적중한 것이다.

게다가 30기가 메모리에 감독으로 계시는 호주 팀의 최근 경기, 스포츠 영화, 최신 영화, 내가 출연했던 프로그램 등으로 꽉 채웠다. 그리고 'Say, Hi!'라는 폴더에는 내가 직접 감독님께 인사하는 동영상을 찍어서 넣기도 했다. 아마도 그 정성에 더 감동하셨던 것 같다.

……

"이 귀한 선물을 받았으니 어떻게 보답해야 하나, 경림 씨. 네덜란드 우리 집에 초대할게요. 꼭 와야 해요."[12]

히딩크 감독이 PMP에 넘어간 것입니까? 아닙니다. PMP를 보는 순간 환호성을 질렀던 이유는 '어쩜, 이건 꼭 나를 위한 맞춤이야!' 하는 느낌 때문이었을 것입니다. 그렇다면 박경림 씨는 어떻게 이토록 정확하게 맞출 수 있었을까요? 히딩크 감독을 만나는 사람이라면 누구나 "사랑합니다", "존경합니다", 혹은 "대단하십니다" 할 것입니다. 그러나 박경림 씨는 '히딩크 감독도 똑같은 성정을 가진 사람인데, 뭔가 아쉬운 것이 있을 텐데, 그렇지! 그분은 시간에 쫓겨 사는 사람 아닌가?' 하는 생각을 했을 것입니다. 그야말로 '킬링 포인트는 러빙 포인트'의 좋은 예라 할 수 있겠습니다.

설교자가 성도들의 코드에 잘 맞추지 못하는 두 번째 이유는 왜 맞춰야 하는지를 잘 모르기 때문입니다. 설교자가 성도들에게 맞춰야 할 이유는 '설교의 목표를 이루기 위해서'입니다. 가정과 회사, 그리고 교회와 같은 조직에서 서로가 서로에게 맞춰야 할 궁극적인 이유도 마찬가지입니다. '모든 조직은 평범한 사람들이 비범한 목표를 이루기 위해 모인 곳'입니다. 이 목표를 이루기 위해서는 서로 맞춰야 합니다. 설교 또한 그 목표를 이루기 위해 설교자와 성도들이 함께 만들어 가는 과정입니다.

성도들의 코드에 맞추지 못하는 마지막 이유는 '맞춘다'는 데 대한 부정적인 이미지 때문입니다. 우리 사회에서는 누가 누구에게 맞춥니까? 약자가 강자에게, 요즘 유행하는 말로는 을이 갑에게, 아랫사람이 윗사람에게 맞춥니다.

여기서 심각한 질문을 하나 드리겠습니다. 설교자는 성도들의 윗

사람입니까, 아랫사람입니까? 성경은 "물에 비치면 얼굴이 서로 같은 것같이 사람의 마음도 서로 비치느니라"(잠 27:19)라고 말합니다. 먼저 자신을 낮추고 맞추는 사람이 있어야 '나는 너에게, 너는 나에게' 서로 맞추게 된다는 뜻입니다. 먼저 맞추는 자가 리더입니다. 하나님은 자신을 낮추는 자를 높이겠다고 약속하셨습니다. 자신 있는 설교자는 성도들에게 맞추는 일에 서슴지 않습니다. 설교자의 자신감은 최선을 다한 준비에서 나옵니다.

로고스의 3단계 가운데 첫 번째 '기획'에서는 목표와 코드, 이 두 가지를 맞추라고 말씀드렸습니다. 목표는 하늘나라요, 코드는 이 땅을 의미합니다. 즉, 목표는 하나님, 코드는 성도들의 마음입니다. 이 둘은 너무나 멀리 떨어져 있습니다. 떨어져 있는 거리가 바로 설교자가 이어 줘야 할 과제입니다. 결국 기획은 설교자의 과제를 확인하는 과정인 셈입니다. 성속(聖俗), 이 둘을 잇는 설교는 결코 쉬운 일이 아닙니다. 쉽지 않기에 귀할뿐더러 하늘의 상급이 큰일임을 기억하시기 바랍니다.

목표는 하늘나라요, 코드는 이 땅을 의미합니다. 즉, 목표는 하나님, 코드는 성도들의 마음입니다. 이 둘은 너무나 멀리 떨어져 있습니다. 떨어져 있는 거리가 바로 설교자가 이어 줘야 할 과제입니다. 결국 기획은 설교자의 과제를 확인하는 과정인 셈입니다.

설교 메시지 준비의 두 번째 단계는 조직하는 일입니다. 조직 단계의 모토는 '줌인(Zoom-In)법칙에 따라 엮어라'입니다.

설교 준비를 건축에 비유하자면, 조직은 보다 구체적으로 집의 설계도를 작성하는 일입니다. 이 단계에서 가장 신경 써야 할 일은 웬만한 충격에도 충분히 견뎌 낼 만한 강한 뼈대를 세우는 것입니다. 다시 말씀드리자면, 논리적으로 탄탄한 조직을 갖춰야 한다는 뜻입니다. 제대로 조직화되지 못한 설교는 어지럽게 널려 있는 방 안처럼 성도들의 이해를 방해할 뿐 아니라 불쾌하게 만듭니다. 설교가 제대로 조직화되었는지 점검하기 위해서는 전체 모습을 그림으로 그려 보면 됩니다. 명확한 그림이 나오지 않는다면 아직 조직화가 끝나지 않은 것입니다.

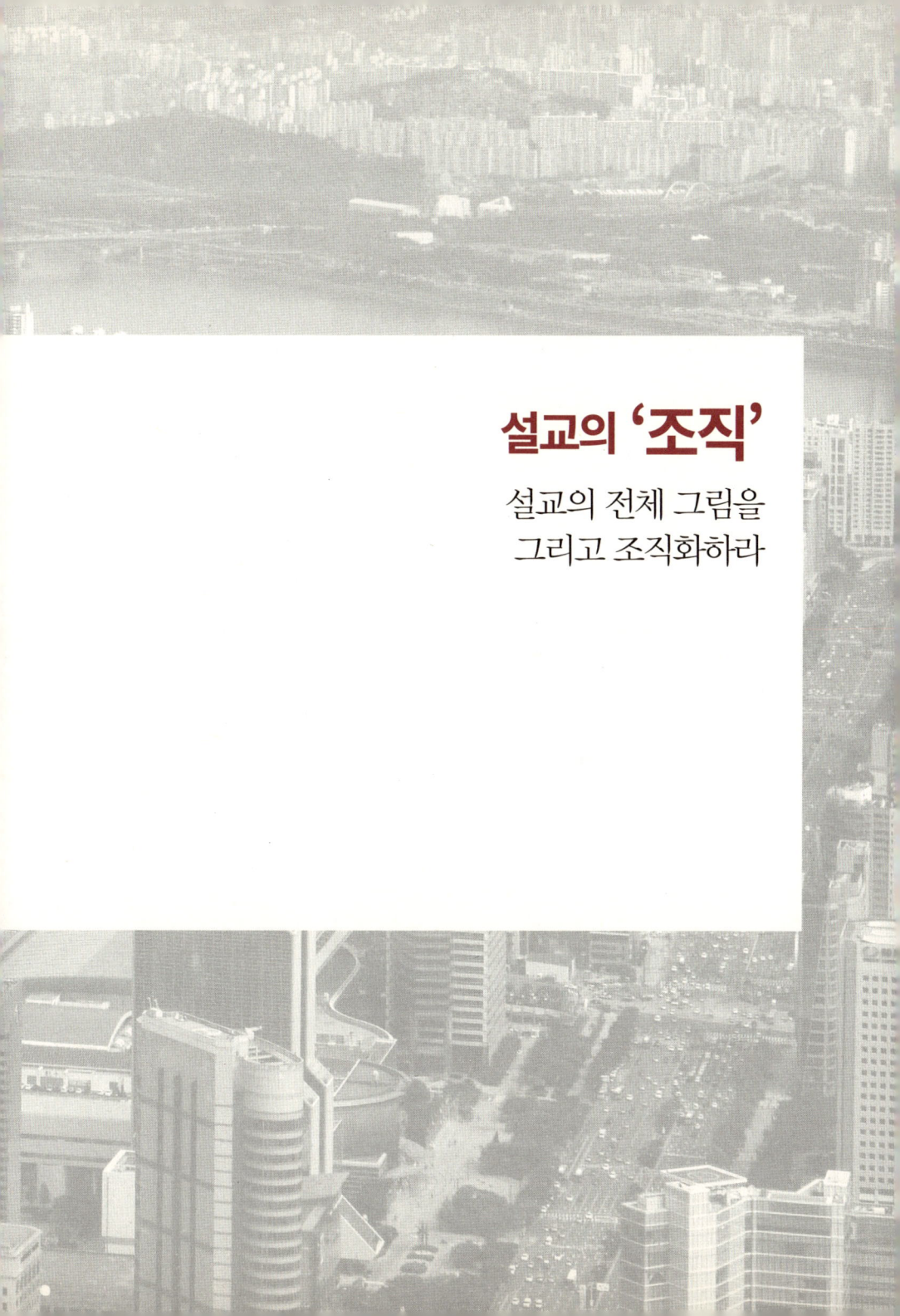

설교의 '조직'

설교의 전체 그림을 그리고 조직화하라

"오늘
대한민국을
설교하라"

大韓民國

03
명확한 메시지를 원한다면 조직화가 필요하다

설교 메시지 준비의 두 번째 단계는 조직하는 일입니다. 조직 단계의 모토는 '줌인(Zoom-In) 법칙에 따라 엮어라'입니다. 일단 기억해 두시고, 그 의미는 차근차근 설명해 드리겠습니다. 설교의 목표와 성도들의 코드를 맞추기 위해 기획하다 보면 많은 생각들이 떠오르게 됩니다. 이를 그대로 내놓으면 성도들이 힘들어합니다. 설교 준비 첫 번째 단계인 기획에서는 목표와 코드 사이의 간격을 확인했습니다. 기획은 이 간격을 어떻게 메울 것인지 그 방안을 강구하는 단계로 이해하시면 됩니다.

설교 준비를 다시 건축에 비유하자면, 기획은 건물의 용도와 집주인의 취향을 물어 건물 전체의 콘셉트를 정하는 것이라 할 수 있습니다. 이때 집주인은 성도가 아니라 하나님이시라는 사실을 다시 한 번 강조합니다. 다음으로 조직은 보다 구체적으로 설계도를 작성하는 일입니다. 이 단계에서 가장 신경 써야 할 일은 무너지지 않을 튼튼한 집을 지어야 한다는 점입니다. 웬만한 충격에도 충분히 견뎌 낼 만한 강한 뼈대를 세워야 합니다. 다시 말씀드리면, 논리적으로 탄탄한 조직을 갖춰야 한다는 뜻입니다.

착오 방지, 중복 방지, 누락 방지를 위해 조직화하라

제대로 조직화되지 못한 설교는 어지럽게 널려 있는 방 안처럼 성도들의 이해를 방해할 뿐 아니라 불쾌하게 만듭니다. 더 심각한 문제는 질문 한 방에 무너져 버릴 만큼 논리적으로 허술한 설교가 되기 십상이라는 점입니다. 설교가 제대로 조직화되었는지 점검하기 위해서는 전체 모습을 그림으로 그려 보면 됩니다. 명확한 그림이 나오지 않는다면 아직 조직화가 끝나지 않은 것입니다.

설교자의 설교가 무엇을 전하는지 쉽게 알아듣지 못한다면 곤란합니다. 온갖 신경을 곤두세우고 설교의 의미를 찾아내고자 애쓰는 성도가 있겠습니까? 혹시 성경 공부라면 모르겠지만 말입니다. 성도들이 어렵지 않게 설교를 알아듣게 하려면 조직을 갖춰야 합니다.

어지러운 방을 치우기 위한 가장 좋은 방법은 물건들을 서랍장에 넣어 정리하는 것입니다. 서랍장을 영어로 'organizer'라고 합니다. 종류별로 모아 서랍장에 차곡차곡 넣는 일, 이것이 바로 조직화입니다. 조직을 갖추고 나면 잘 정돈된 방처럼 먼저 설교가 깔끔해집니다. 그리고 단단해집니다. 마지막으로는 기억하기 쉬워집니다. '양말이 어디 있더라? 아, 그렇지! 두 번째 서랍이지' 하는 것처럼 말입니다.

이런 식의 분류를 설교학에서는 '대지를 나누다'라고 표현합니다. 이런 조직화는 성도들의 이해를 돕는다는 점 이외에 논리적 결함을 방지하는 역할을 합니다. 설교에 엉뚱한 이야기가 끼어들지 않게 하기 위해서, 그리고 같은 이야기를 반복하는 중언부언이 되지 않게 하기 위해, 그리고 빠진 것 없이 완벽한 논리를 갖추기 위해 조직화는 필수적입니다. 조직화는 착오 방지, 중복 방지, 누락 방지라는 세 가지 논리적인 요건을 갖추기 위한 방법입니다.

전체 지향적 사고! 줌인(Zoom-In) 법칙을 기억하라

앞에서 말했듯이 조직화에서 반드시 기억해야 할 모토는 '줌인 법칙'입니다. 설교를 준비할 때에 설교 전체의 그림을 그려보며 명확한 메시지가 드러나도록 지속적인 점검이 필요합니다. 그래야만 여러가지 예화를 사용하여 긴 시간 동안 설교를 하더라도 하나님의 뜻에 맞추고 성도들의 마음에 맞춰진 명확한 메시지를 전달할 수 있습니다.

이렇듯 전체를 먼저 생각하는 조직화는 광활한 우주에서부터 지상으로 점점 좁혀 가며 카메라를 들이대는 '줌인'(zoom-in) 방식입니다. 이는 특정 케이스를 기점으로 전체를 유추하는 '줌아웃'(zoom-out) 방식의 약점을 피할 수 있습니다. 예를 들어 칭송받는 신앙인 한 사람을 소개한 다음 그가 가진 특징이 바로 훌륭한 신앙인이 갖춰야 할 모든 속성인 것처럼 확대시키는 경우, 지나친 일반화라는 논리적인 맹점을 피하기 어렵습니다. 물론 줌아웃 방식의 장점도 있습니다. 성도들이 흥미를 갖게 되고 쉽게 이해할 수 있다는 면에서 그렇습니다.

  줌인과 줌아웃 방식이 각각 장단점을 가지고 있는 것은 사실이지만 그 무게는 다릅니다. 성도들의 흥미와 이해가 중요하지 않은 것은 아니지만 설교자가 전체를 알고 준비하는 것과는 비교할 수 없습니다. 따라서 줌인 방식을 기본으로 하면서 부분적으로 줌아웃 방식을 활용하는 것도 고려해 볼 만한 일입니다.

04
설교를 조직화하기 위한 6가지 방법

조직화의 방법은 여러 가지가 있습니다. 그 가운데 어떤 것이 가장 좋은가 묻는 것은 어리석은 질문입니다. 목표에 따라, 설교자의 머릿속에 떠오른 많은 그림에 따라 모두 달라질 수밖에 없기 때문입니다. 또한 각 방법마다 장단점이 있기 때문입니다. 여기에서는 수사학에서 자주 거론되는 여섯 가지 방법을 소개하겠습니다.[13]

'로직 트리'(logic tree)에 기초하라 (부분 집합형)

첫 번째는 '부분 집합형'입니다. 이는 수사학에서 조직화의 대표적인 방법으로 소개되는 '로직 트리'(logic tree)에 기초한 것입니다. 손쉬운 예를 들자면 이 책의 구성이 바로 부분 집합형입니다. 먼저 아리스토텔레스의 『수사학』을 기초로 위대한 설교자가 갖춰야 할 역량 세 가지를 제시합니다. 로고스, 파토스, 에토스입니다. 그리고 이 세 가지 역량은 다시 셋으로 나뉩니다. 로고스는 기획, 조직, 정보(자료)로 나뉘고, 파토스는 서론, 본론, 결론으로 나뉘며, 에토스는 설교, 설교자, 성도로 나뉩니다. 이것은 3×3의 구조입니다.

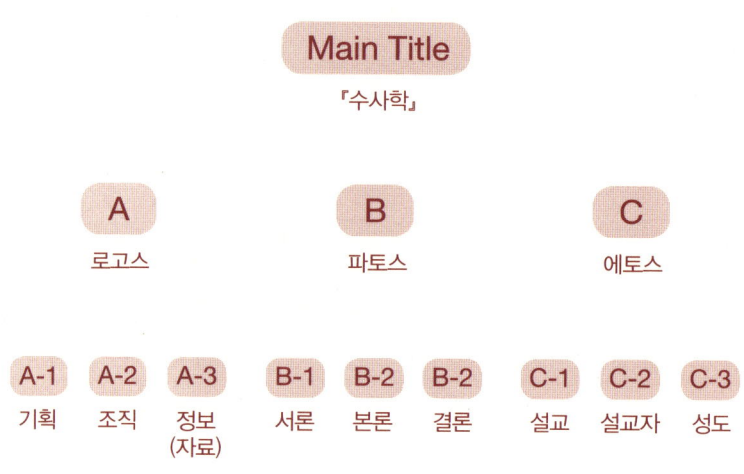

그런데 여기서 면밀히 따져 보아야 할 것이 세 가지 있습니다. 먼저 A와 B, 그리고 C 사이의 관계입니다. 이 셋의 관계는 상호배타적(mutually exclusive)이어야 합니다. 서로 겹치는 부분이 없어야 한다는 뜻입니다. 또한 이 셋을 합치면 전체가 되어 메인 타이틀과 일치해야 합니다(collectively exhaustive).

예를 들어 '사람'이 메인 타이틀이고 그 아래에 '남자'와 '여자'를 배치했다 칩시다. '남자'와 '여자'는 상호배타적입니다. 서로 겹치는 부분이 없습니다. 다시 말해 남자이며 여자일 수는 없는 것입니다. 또한 '남자'와 '여자'를 합치면 메인타이틀인 '사람'과 일치합니다. 결국 부분 집합형의 횡적인 관계는 상호배타적이고 합치면 전체가 되는 구조로 만들어져야 한다는 뜻입니다. 이를 보통 'MECE'(Mutually Exclusive, Collectively Exhaustive)라는 용어로 표기합니다.

마지막으로 따져 보아야 할 것은 이 셋은 같은 차원(same dimension)이어야 한다는 점입니다. 예를 들어 '사람'이라는 메인 타이틀 아래 '남자'와 '여자' 이외에 '공무원'과 같은 엉뚱한 것이 끼어들어서는 안 된다는 이야기입니다. '남자'와 '여자'는 성별에 따른 분류인 데 반해 '공무원'은 다른 차원, 즉 직업에 따른 분류이기 때문입니다. 그렇게 되면 결과적으로 논리적 구조가 흔들리게 됩니다.

이 세 가지 사항이 다 지켜지면 무엇이 방지되는지 눈치 채셨습니까? 첫째, 상호배타적인 원칙이 지켜지면 중복이 방지됩니다. 둘째, 합쳐져서 전체라는 원칙이 지켜지면 누락이 방지됩니다. 마지막으로, 같은 차원이라는 원칙은 착오를 방지해 줍니다.

부분 집합형의 종적인 관계는 '요약'과 '설명'입니다. '남자'와 '여자'를 한마디로 요약하면 '사람'이 됩니다. 사람을 풀어서 '설명'하면 '남자'와 '여자'가 된다는 뜻입니다.

물론 이는 과학적인 방법론이기 때문에 현실을 다루는 설교에서 그

대로 지켜 내기란 어려울 수 있습니다. 그러나 이 원칙에 충실하려는 노력이 설교를 훨씬 논리적이고 조리 있게 만들어 줄 것입니다.

시간의 흐름에 따라 정리하라(단계별 변신형)

두 번째 조직화 방법은 시간의 흐름에 따라 정리하는 '단계별 변신형'입니다. 위대한 신앙인의 일대기를 소개한다거나 한 사건의 변화를 추적하는 데 유용한 방법입니다. 일단 흐름을 타기 시작하면 비교적 이해가 쉽다는 점에서 어린 학생들이나 초신자들을 상대할 때 좋습니다. 이 방법을 사용할 때 주의해야 할 점은 시간의 흐름에 따라 진행되는 설교가 할머니가 들려주시던 옛날이야기로 끝나서는 안 된다는 점입니다.

이를 위해서는 먼저 시간의 흐름을 중요한 사건 중심으로 몇 개의 구획으로 나눌 필요가 있습니다. 이어서 각 구획마다의 특징과 함께 다른 구획과의 공통점과 차이점을 지적해 줘야 합니다. 이를 통해 성도들은 시간의 흐름에 따른 변화의 방향을 짐작하게 됩니다. 마지막으로, 성도들의 삶과 연결시키는 일을 빠뜨려서는 안 됩니다. 이를 통해 성도들은 그 옛날이야기 속에 자신을 대입시켜 바람직한 오늘의 변화를 결심하게 되는 것입니다.

예를 들어 "한 해는 봄, 여름, 가을, 그리고 겨울로 이루어져 있습니다." 하는 것은 부분 집합형입니다. 이를 "봄이 가면 여름이 오고, 여름이 가면 가을이 오고, 이어서 겨울이 옵니다" 하면 무슨 방식입니까? 이것이 바로 단계별 변신형입니다. 같은 소재를 가지고서도 여러 가지 다른 모양으로 이용할 수 있습니다. 똑같은 식재료로 다른 음식을 만들어 내는 요리사들처럼 설교자도 능수능란한 정보 요리사가 되어야 합니다. 단계별 변신형의 대표적인 예를 그림으로 설명하면 다음과 같습니다.

성공하는 사람들의 7가지 습관[14]

이 도표는 세계적인 베스트셀러로 잘 알려진 스티븐 코비의『성공하는 사람들의 7가지 습관』이라는 책의 내용을 요약한 것입니다. 간단히 살펴보면 이렇습니다.

모든 인간은 태어나 이 땅에서의 삶을 시작할 때 예외 없이 '의존성'에서 출발합니다. 다른 사람의 도움 없이는 살아갈 수 없는 약자, 즉 갓난쟁이로 태어나기 때문입니다. 여기서부터 시작해 '독립성'을 거쳐 '상호의존성'으로까지 나아가야 진정으로 성공하는 사람이 될 수 있다는 주장입니다. 3단계의 변신으로 성공을 설명하는 방식입니다. 그런데 의존성에서 독립성으로 나아가기 위해서는 세 가지 습관을 익혀야 하고, 독립성에서 상호의존성으로 발전하기 위해서도 세 가지 습관을 익혀야 한다는 점에 있어서는 앞에서 살펴본 부분 집합형의 방식을 따르고 있습니다. 그리고 마지막으로 일곱 번째 습관을 덧붙이라는 이야기를 합니다.

여기서 살펴본 대로 조직화 방법은 한 가지에 국한될 필요가 없습니다. 필요한 경우 여러 가지 방식을 복합적으로 사용할 수 있습니다. 그러나 단순성이 떨어진다는 약점이 있다는 사실도 기억하시기 바랍니다.

비교를 통해 한 사건의 양면을 보여줘라 (개념 대조형)

조직화의 세 번째 방법은 '장점-단점', 혹은 '강점-약점'을 비교하는 '개념 대조형'입니다. 성경에 나오는 인물 가운데 '하나님께 순종하는 자와 불순종하는 자'를 비교하는 것도 예가 될 수 있습니다. 한 사건의 양면을 보여 주는 기법입니다. 사안이 단순하지 않을 때 알맞은 방법입니다. 설교자가 다양한 성격을 가진 사안을 이야기하면서 한 면만을 중점적으로 강조하는 경우, 다른 쪽도 있다는 사실을 알고 있는 성도라면 쉽게 그 설교에 동의하기 어렵습니다. 따라서 양면을 모두 소개한 다음, 결정은 성도들에게 맡기는 것이 바로 이 방법입니다. 그러나 자칫 성도들을 혼란에 빠뜨리는 등 오히려 역효과를 낼 수도 있으므로 조심스럽게 사용할 필요가 있습니다.

아름다운 연꽃을 강조하려면
진흙을 먼저 이야기하라(문제 제기-해결 방안 소개형)

네 번째 조직화 방법은 '문제 제기-해결 방안 소개형'입니다. 예를 들어 믿지 않는 사람들을 상대로 전도 집회를 열고, "인간은 행복해지기 위해 수없이 많은 방법으로 노력해 왔다. 그러나 기대와는 달리 날이 갈수록 더 심각한 문제들이 쌓여만 간다. 결국 예수님을 구주로 영접하는 길밖에는 방법이 없다"는 식으로 이야기를 전개할 수 있습니다. 여기에서 많은 사람들이 저지르는 실수는 무엇일까요? 뒷부분에 해결책으로 등장하실 예수님을 보다 자세히 소개하고 싶은 욕심 때문에 문제 제기 부분을 소홀히 하는 경우가 많다는 것입니다.

어두운 구름 속에서 달이 더 밝아 보이듯이 해결 방안을 돋보이게 하기 위해서는 문제를 심각하게 제기해야 합니다. 청중이 정말 인간적인 모든 노력은 헛되고, 헛된 노력일 뿐이라는 점에 동의할 때까지 충분한 시간을 들여서 문제를 제기해야 한다는 말입니다. 그런 뒤에 소개된 해결 방안이라야 그 냉랭한 가슴을 파고들 수 있습니다.

한 때 TV에 방영되어 돌풍을 일으켰던 '아우성' 아줌마 구성애 씨의 성교육 강의를 생각해 보십시오. 그분은 먼저 인간의 성을 쾌락이나 남성 우위를 확인하는 행위로만 생각할 때의 문제점을 지적합니다. 이를 위해 어두운 구석에서 쉬쉬해 오던 많은 이야기들을 걸쭉한 입담으로 거침없이 노골적으로 풀어냅니다. 그러고는 성에 관한 시각을 서로의 사랑을 확인할 뿐만 아니라 생명을 창조하는 신비로운 도구라는 데까지 확대시켜야 한다고 역설합니다. 전형적인 문제 제기-해결 방안 소개의 방법인 것입니다. 구성애 씨는 이러한 방법에 대해 "아름다운 연꽃을 강조하기 위해 진흙을 먼저 이야기한 것"이라고 표현합니다.

제안을 뒷받침할 증거를 대라 (세일즈맨 기법)

다섯 번째 조직화 방식은 '세일즈맨 기법'입니다. 성도들 앞에 구체적인 제안을 내놓고 설득하고자 할 때 유용한 방법입니다. 흔히 지하철에서 만날 수 있는 세일즈맨을 생각하면 됩니다. 그들의 상품 소개에는 몇 가지 공통점이 있습니다. 첫째는 제품의 성격과 특성을 소개합니다.

다음은 제품을 구입했을 때 소비자에게 돌아가는 이익을 강조합니다. 예를 들면, 수출만 하던 제품인데 급전이 필요한 바람에 금번 세일 기간을 통해 헐값에 처분하게 되었다는 식입니다.

마지막으로는 제품의 성능에 대한 증거를 댑니다. 이러한 세일즈맨 기법 가운데 판매고를 결정하는 것은 대부분 마지막에 언급하는 증거인 경우가 많습니다. 현장에서 모든 사람이 납득할 수 있을 정도로 확실한 증거를 보여 주는 상품은 팔립니다. 그러나 증거가 애매한 경우에는 목표를 이루기 어렵습니다.

설교도 마찬가지입니다. 따라서 어떤 제안에 대해 뚜렷한 증거를 댈 수 있는 경우에 매우 효과적인 방법일 수 있습니다. 증거라는 것이 굳이 물질적인 증거일 필요는 없습니다. 어느 누구도 부인하기 어려운 통계 숫자나 설득력 있는 간증도 좋은 증거가 될 수 있습니다.

성도의 입장에서 질문을 예상하라(상식적인 기법)

마지막으로는 '상식적인 방법'이 있습니다. 설교자의 설교가 앞에서 언급한 어떤 방법에도 잘 맞지 않을 때 고려해 볼 수 있습니다. 이는 설교자의 설교에 대해 성도들이 상식적인 수준에서 제기할 수 있는 여러 가지 질문을 상정해 가면서 이에 대한 답변 형식으로 진행하는 방법입니다.

성도마다 질문이 다를 수 있겠습니다만, 대체로 다음과 같은 순서로 진행할 수 있습니다. 먼저 '내가 왜 이 설교를 들어야 하지?', '그 안에 뭐가 있는데?'에서부터 시작하는 것이 좋습니다. 다음은 '요점이 뭐야? 직접적으로 이야기해 달라고'로 발전됩니다. 곧 '잘 이해가 안 가는데, 보다 분명히 이야기할 수 있어?'로 이어진 후 '내가 왜 이 이야기를 믿어야지?'를 거쳐 '한마디로 내가 기억해야 할 것이 무엇인지 말해 줘'를 묻는 것으로 진행된다고 보면 됩니다. 이러한 질문의 순서에 따라 답변을 정리하면 되는데, 이를 위해서는 철저히 성도들의 입장에서 생각할 수 있는 능력이 요구됩니다. 입장을 바꿔 놓고 생각할 수 있는 능력 말입니다.

이제 설교 작성의 두 번째 단계인 '조직'에 관한 내용을 마무리 지어야 합니다. 그전에 꼭 강조하고 싶은 것이 있습니다. 이를 위해 "다섯 개의 한국"이라는 제목의 칼럼 일부를 살펴보도록 하겠습니다.

지금의 한국이 보여주고 있는 여러 부분적 이미지를 통합하는 하나의 한국 형상은 어떤 것일까? 극적으로 상충하는 여러 모습 중에 과연 무엇이 우리 공동체의 참 본질이며, 그 안 사람들의 참 삶일까?
첫째 모습은 단기간에 선진국에 진입한 경제 발전과 기술 진보다. 무역·GDP·1인당 GDP·외환 보유액 규모에서 한국은 놀라운 성장을 보여 주었다. 한국의 글로벌 거대 기업들의 세계 경쟁력과 위상은 국가로서의 한국 범주를 훨씬 초월해 있다. 스마트폰·컴퓨터·가전·반도체·자동차·조선·철강·석유화학을 포함한 몇몇 첨단산업과 제품들은 세계 최선두 그룹이거나 적어도 제2선두 그룹에 속한다. 해외 공항과 거리와 지하철에서 한국의 TV와 자동차와 스마트폰을 발견하는 것은 아주 흔한 일이 되었다. '인간 조건'의 발전에 관한 한 한국 기적이라 불려 부족함이 없는 것이다.
둘째는 문화·예술과 스포츠 영역이다. 성악·영화·미술·가요·드라마 · 비디오 아트 · 아마추어 스포츠와 프로 스포츠 영역에서 한국의 많은 예술가와 젊은이들은 세계적인 주목을 받거나 권위 있는 각종 경쟁에서의 수상은 물론 이미 세계 정상에 도달한 부문도 여럿 존재한다. 한국 스마트폰으로 한국 가요를 듣고, 한국 TV나 한국 컴퓨터로 한국 영화를 시청하는 아시아와 서구 젊은이들의 모습도 어렵지 않게 발견된다. 한류의 힘이다.

셋째는 군사와 안보, 평화와 안전의 영역이다. 정전 60주년을 맞는 올해 외국의 방송과 통신, 언론에서 가장 많이 다루어진 한국 소식의 하나는 북핵 위기와 제2의 한국전쟁 발발 가능성에 대한 보도와 전망이었다. 한국 내부의 일상적 조용함과 달리 오늘날 세계인들에게 두 한국은 가장 많은 병력이, 가장 오래, 가장 가까이에서 대치하는, 가장 높은 전쟁 위협 지역인 것이다. 그들은 한 국민들이 왜 이리 오래도록 분단된 채, 왜 이리 일상적인 갈등과 핵 위기와 전쟁 위협 속에 살아가는지를 이해하지 못하고 있다.

넷째는 인간 존엄과 지표의 영역이다. 학생 · 성인 · 노인 자살, 존속살인, 저출산, 산업 재해, 교통사고 사망, 군내 사고 · 사망, 노인 빈곤율은 모두 OECD 최악 수준이다. 물론 공공 지출과 해외 공적 개발원조, 소득과 성 불평등 지표 역시 OECD에서 가장 나쁜 수준이다. 교회와 선교사의 파견도 세계 최고 수준이지만, 동시에 해외 성 구매와 성 판매, 아동 성 구매 역시 그러하다.

출생에서 사망에 이르기까지 삶의 모든 단계에서 한국의 집합적 인간

지표는 적절한 언어를 찾기 어려울 만큼 섬뜩함 그 자체다. 우리 공동체에는 지금 세계 최고 수준의 경제 지표와 기술 지표, 세계 최악 수준의 인간 존엄과 인간 지표가 병존하는 것이다. 인류 역사상 이런 공동체는 한국이 거의 유일하다.

다섯째는 분단의 절반인 북한의 기아와 빈곤, 억압과 독재, 폐쇄와 군사주의의 문제다. 북한의 현실은 명백히 반보편적·반문명적인 시대착오이자 세계 역류가 아닐 수 없다. 이것은 한국이 세계에 보여 주고 있는 또 하나의 인간 참상인 것이다.[15]

이 글은 우리나라의 모습을 예리하게 분석한 좋은 글이라 생각됩니다. 이 글을 앞에서 이야기한 조직화 방법으로 나누면 어디에 속합니까? 가장 먼저 이야기한 '로직 트리'에 기초한 방법입니다.

어떤 조직화의 방식을 사용할 것인지에 대해서는 앞에서 언급한 대로 다양한 변수에 따라 설교자가 결정해야 할 문제입니다. 그러나 어떤 방식을 쓰는지와 상관없이 꼭 지켜야 할 원칙이 있습니다. 설교자가 전체를 먼저 생각하고 전체 모습을 알고 있어야 한다는 점입니다. 이것이 조직적 사고에서 꼭 지켜져야 할 가장 중요한 원칙입니다.

앞의 다섯 가지 가운데 하나 혹은 일부만 들어 '대한민국은 이런 나라다'라고 결론을 내린다면 어떻게 될까요? 어느 부분에 주목하느냐에 따라 대한민국의 모습은 천국과 지옥을 오르내리게 됩니다. 그야말로 '장님 코끼리 만지기' 식이 되는 것입니다. 당장 반론에 부딪치게 될 것입니다.

예수님은 이런 경우를 가리켜 "그들은 맹인이 되어 맹인을 인도하는 자로다 만일 맹인이 맹인을 인도하면 둘이 다 구덩이에 빠지리라"(마 15:14) 하시며 경계하셨습니다. 이를 수사학에서는 '지나친 일반화의 오류'(fallacy of over-generalization)라고 말합니다. 설교자가 빠지기 쉬운 함정입니다. 전체보다는 부분을 들어 이야기하는 것이 좀 더 선명해 보이고 더 강한 믿음을 강요하는 데 효과적이라 생각하기 쉽기 때문입니다.

성도들에게 마구 들이대는 설교는 이렇게 만들어집니다. 그러나 이 땅에서의 삶은 기쁨과 슬픔, 밝음과 어두움, 오르막과 내리막이 뒤섞인 수수께끼와도 같습니다. 이런 상황에서 '장님 코끼리 만지기' 식의 설교는 성도들의 의심의 귀를 통과하기 어렵습니다. 성도들의 마음속까지 도달하기 위해 설교자는 항상 전체를 먼저 생각해야 합니다. 그래야 좌로나 우로나 치우치지 않은 설교를 할 수 있습니다.

"다섯 개의 한국"이라는 칼럼은 모순된 우리의 삶을 보여 주는 좋은 글입니다. 설교의 좋은 소재가 될 수 있을 것입니다. 그러나 이 글을 더 좋은 설교 자료로 만드는 방법이 있습니다. 구체적인 방법은 다음에 나오는 '설교의 정보'에서 살펴보도록 하겠습니다.

Part 3

기획과 조직화를 통해 지을 집의 설계도가 나왔습니다. 이제 각 방을 채워 넣어야 할 차례입니다. 정보를 요리해서 맛있게 채워야죠. 정보 요리의 모토는 '양질의 법칙'에 따라 '좁혀라'입니다. 정보 요리는 먼저 양(量)을 확보한 후에 질(質)을 높이는 순서로 진행됩니다. 양(量)에서 질(質)이 나오기 때문입니다. 요리를 위해 풍성히 재료를 마련한 다음, 다양한 요리 방법을 통해 맛을 더하는 과정으로 이해하면 됩니다. 요리 방법은 다섯 가지입니다. 마지막 발효 단계에 이르면 톡 쏘는 맛, 즉 최상의 질을 얻게 됩니다.

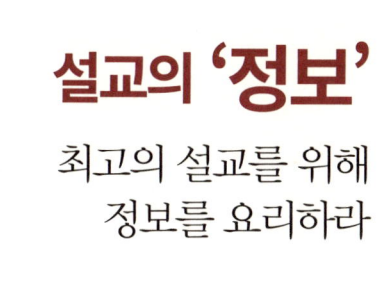

설교의 '정보'

최고의 설교를 위해
정보를 요리하라

"오늘 대한민국을 설교하라"

大韓民國

05
설교자에게는 정보의 그물이 필요하다

홍수 때 가장 귀한 것은 무엇일까요? 정답은 '마실 물'입니다. 이는 물난리가 났는데 정작 마실 물이 없는 역설적인 현실을 의미합니다. 사실 대한민국처럼 정보가 넘쳐나는 나라도 없습니다. 지하철역에는 공짜 신문을 쌓아 놓고 서로 자기 것을 가져가라 내밀고, 스마트폰만 열어도 재미있고 신기한 정보들이 가득합니다. 그러나 막상 설교를 준비하다 보면 쓸 만한 정보가 없다고들 야단입니다. 이유는 정보의 그물이 없는 까닭입니다. 그물이 없으니 건져 올릴 수가 없는 것입니다.

양을 확보하기 위해 먼저 해야 할 일은 정보의 그물을 만드는 일입니다. 정보의 그물이 없으면 정보의 바다에서 뛰노는 싱싱한 생선들이 아무리 많아도 건져 올릴 수 없기 때문입니다.

정보의 그물을 어떻게 마련할 수 있을까요? '아는 만큼 보인다'는 말을 많이 들어 보았을 것입니다. 실력이 있어야 쓸 만한 정보를 가려낼 수 있다는 뜻입니다. 그렇다면 실력은 어떻게 키울 수 있을까요? 실력은 보는 만큼 늘어나는 법입니다. 다시 말하자면 보는 만큼 알게 되고, 아는 만큼 보게 됩니다.

너는 일어나 부지런히 책을 읽어라

실력을 키우기 위한 가장 좋은 방법은 책을 읽는 것입니다. '독서백편의자현'(讀書百編義自見)이라 했습니다. 책을 백 번 읽으면 그 뜻이 스스로 드러난다는 뜻입니다.

책을 통해 실력을 갖추게 되면 그전에는 그냥 지나쳤던 정보들이 달리 보이기 시작합니다. 신문을 읽다가도 '이 이야기는 설교 자료가 될 수 있겠는데'라는 생각이 든다면 정보의 그물이 만들어지고 있다는 이야기입니다. 다시 한 번 강조합니다. 보는 만큼 알게 되고, 아는 만큼 보입니다.

'삼일부독서어언무미'(三日不讀書語言無味), 3일 동안 책을 읽지 않으면 말의 맛이 없어진다는 뜻입니다. 설교자의 가장 큰 무기는 말 아닙니까? 말이 맛을 잃으면 버려져 밟히게 될 것입니다. 그러므로 책에 욕심을 내야 합니다. 그런데 우리나라는 책을 안 읽기로 유명합니다. 그래서 다들 똑똑하고 많이 아는 것 같지만 사실은 별로 아는 것이 없습니다.

　스펄전은 디모데후서 4장 13절, "네가 올 때에 내가 드로아 가보의 집에 둔 겉옷을 가지고 오고 또 책은 특별히 가죽 종이에 쓴 것을 가져오라"라는 본문을 가지고 다음과 같이 설교했습니다.

> 바울은 성령 충만함을 받았으나 책을 원했습니다. 그는 적어도 30년간을 설교했으나 책을 원했습니다. 그는 부활하신 주님을 직접 보았음에도 불구하고 책을 원했습니다. 그는 대부분의 사람들보다 더 많은 경험을 가진 사람이었지만 책을 원했습니다. 그는 신약성경의 많은 부분을 기록했음에도 불구하고 책을 원했습니다. 바울은 디모데와 우리 모든 설교자에게 말하기를, 책을 읽는 데 너 자신을 주라고 말합니다.
> 책을 읽지 않는 설교자는 아무도 그의 설교를 듣거나 읽지 않을 것입니다. 유명한 구절을 인용하지 않는 자는 아무도 그의 설교를 인용하지 않을 것입니다. 독서를 통해 다른 사람의 지식을 배우지 않는 설교자는 영리하지 못함을 스스로 증명하는 것입니다. 이것은 목사에게만 해당되지 않고 모든 그리스도인에게 해당되는 진리입니다. 당신에게 독서가 필요합니다.[16]

　아이디어를 얻겠다고 머리만 굴리는 것은 부질없는 일입니다. 유명한 신학자 라인홀드 니버도 설교 때문에 낙담해 앉아 있을 때 "나 혼자만 무에서 유를 창조할 수 있다. 너는 일어나 부지런히 책을 읽어라"라는 하나님의 음성을 들었다고 합니다. 머리에 들어오는 것은 없고 계속 빠져나가기만 하면 걸리게 되는 병이 무엇인지 아십니까? 바로 골다공증입니다. 이재철 목사님은 유능한 설교자가 되기 위해서는 최소한 세계 문학 전집 한 질은 반드시 읽어야 한다고 권면합니다.[17]

저는 모든 설교자에게 정해 놓은 시간에 서재에 들어가고, 독서하는 대로 색인표를 작성해 도서의 자료화를 시행할 것을 강력히 추천합니다. 이 부분에 대한 보다 구체적인 방법을 위해서는 조관일의 『강의, 강연, 연설 이렇게 하라』(1993)를 추천해 드립니다.

어린 시절부터 연습 벌레 이미지를 갖고 있는 신지애지만 독서량은 또래들보다 많은 편이다. 고교 시절부터 읽기 시작한 다양한 골프 서적들은 신지애의 전략 능력을 크게 키웠다. 신지애는 경기 당일 날씨에 따라 클럽 내의 우드 수와 아이언 수에 변화를 주는 폭이 프로들 가운데 가장 큰 편이다. 그만큼 자신의 컨디션과 환경의 변화에 따라 최상의 조합을 만들 줄 아는 능력이 있다. 신지애는 "어제 버디를 잡은 홀에서 오늘 보기를 할 수 있지만, 많이 생각할수록 실수가 줄어든다는 점이 골프의 묘미이다"라고 말한다.[18]

'골프를 머리로 치냐? 손으로 치지!' 하는 분이 있을지 모르겠습니다. 그러나 그것은 아마추어들 이야기입니다. 프로는 머리로 칩니다. 골프도 이러하거늘 하물며 설교야 말할 필요가 없을 것입니다.

책을 통해 정보의 그물을 만들려면 두 방향의 책을 읽어야 합니다. 첫째는 집중, 둘째는 확산입니다. 설교자가 집중적으로 읽어야 할 책은 바로 하나님의 영감으로 쓰인 성경입니다. 설교자가 성경을 읽는 일에 관해서는 재론할 필요가 없을 것입니다.

'위편삼절'(韋編三絶)이라는 말이 있습니다. 공자가 책을 읽을 때 책끈이 세 번이나 끊어지도록 열심히 읽고 또 읽었다는 이야기입니다. 깊은 뜻을 담은 책은 한 번 읽어서 그 맛을 다 알 수 없습니다. 읽을 때마다 새로운 의미로 다가오는 책이야말로 좋은 책입니다. 가장 대표적인 책이 바로 성경입니다. 그 오묘한 진리를 얻기 위해 설교자는 집중적으로 성경을 파고들어야 합니다.

성경은 깊이만이 아니라 폭넓은 이야기를 담고 있습니다. 정치, 경제, 문화, 교육 등 우리가 이 땅에서 성도답게 살아가는 데 필요한 이야기들이 다 들어 있습니다. 그야말로 없는 것이 없는 책이라고 할 수 있습니다.

설교자가 이를 충분히 소화하려면 폭넓은 독서가 필요합니다. 확산이 필요한 이유입니다. 바쁜 일상에 쫓기는 설교자가 어떻게 폭넓은 독서를 할 수 있을까요? 이것은 쉽지 않은 숙제입니다. 그렇다면 그 방법을 알아보도록 하겠습니다.

정보사회는 시간과 공간의 제약을 뛰어넘어 필요한 지식을 간편하게 갖출 수 있는 다양한 방법을 가능하게 했습니다. 미국의 명문대학 MIT에서 시작한 'MITOPENCOURSEWARE'를 아십니까? 이 사이트

(ocw.mit.edu)에 들어가면 MIT의 거의 모든 강의를 무료로 들을 수 있습니다. 전 세계에서 한 달 평균 140만 명이 접속하고 있습니다. 이라크, 아프리카, 심지어 남극에서 접속하는 수강생도 있습니다. 많은 대학들이 그 뒤를 따르고 있습니다. 한국도 예외가 아닙니다. 서울대학교도 시작했습니다.

> 이제 스마트폰만 있으면 일반인들도 '김난도 교수의 교육상 수상자의 강의 노하우', '권형준 교수의 법률 이야기', '조동성 교수의 경영예술' 강의 등 서울대 명강의를 보고 들을 수 있게 됐다. 서울대 교수학습개발센터는 28일 학내 우수 강좌와 교육 프로그램을 언제 어디서나 볼 수 있는 스마트폰 모바일 애플리케이션 '서울대 OCW'(Open Course Ware)를 개발했다고 밝혔다. 애플리케이션은 '앱 스토어'(App Store) 또는 '안드로이드 마켓'에서 '서울대 OCW'로 검색해 다운로드하면 된다.[19]

이외에도 정보의 그물을 얻기 위해 공부할 수 있는 방법은 많습니다. 스마트폰을 통해 유튜브에 들어가면 세계적인 명문 대학의 전설적인 명강의들을 마음대로 들을 수 있습니다. 놀라운 정보사회의 기술이 시간과 공간의 한계를 무너뜨린 지 오래입니다. 문제는 인간입니다. 정말 학문에 대한 열정만 있다면 언제 어디서나 공부할 수 있습니다.

더 좋은 설교를 위해 공부하는 것은 참 귀한 일입니다. 여기에 하나 더 꼭 해야 할 일이 있습니다. 공자는 '학이불사즉망 사이불학즉태'(學而不思則罔 思而不學則殆)라고 했습니다. 배우고 생각하지 않으면 여전히 혼란스럽고, 생각만 하고 배우지 않으면 위태로워진다는 뜻입니다. 책을 읽고 배우면서 깊이 생각하지 못하면 별 소용이 없다는 경고입니다. 아무리 좋은 음식이라도 피가 되고 살이 되려면 꼭꼭 씹어 먹어야 하는 원리와 같습니다. 책의 내용을 제대로 소화시키려면 비판적인 독서를 해야 합니다.

'비판적'이라 하면 무조건 허물을 찾아내는 일로 생각하는 사람들이 많습니다. 그러나 비판적 독서란 책의 내용을 자신의 생각과 비교하면서 읽는 것을 말합니다. 내 생각과 같은 부분은 빠르게 읽어 낼 수 있을 것입니다. 내 생각과 다른 부분에서는 세심하게 읽으며 새로운 지식을 얻게 될 것입니다. 생각하며 읽기 바랍니다. 익숙해지면 짧은 시간에 많은 책을 읽을 수 있게 됩니다.

정보는 꺾어 놓은 꽃과 같습니다. 처음에는 싱싱하고 아름답지만 시간이 갈수록 시들고 추한 인상을 남기게 됩니다. 마찬가지로 처음 들을 때는 아름답고 감동적인 이야기도 계속해서 들으면 시든 꽃을 보는 것처럼 지겨울 수밖에 없습니다. 계속해서 새로운 이야깃거리를 찾아내는 것은 결코 쉽지 않은 일입니다. '해 아래 새것이 없다'고 하는데 매일 차리는 밥상마다 항상 새것으로 채울 수는 없는 노릇입니다. 그러나 방법이 없는 것은 아닙니다.

이를 위해 가장 좋은 방법은 독서입니다. 생각하며 비판적으로 책을 가까이하는 설교자는 이미 익숙한 이야기에서도 새로운 의미를 찾아냅니다. 그들에게는 언제나 이야깃거리가 풍부합니다. 그들은 깊이 사색하는 사람들입니다. 또 다른 방법은 아무리 긴 세월이 지나도 일점일획도 바뀌지 않는 하나님의 말씀(text)을 시시각각으로 변하는 구체적 상황(context)과 연결하는 것입니다.

정보를 낚아 올리는 법

언제, 어디에 고기가 모이는 줄 아는 사람이 유능한 낚시꾼입니다. 이들은 이것을 일명 '포인트'라고 부릅니다. 고기가 모이는 곳이 따로 있다는 이야기입니다. 정보의 낚시꾼도 다르지 않습니다. 정보의 포인트는 딱 두 군데입니다. 즉 정보를 낚아 올리는 방법은 두 가지뿐이라는 뜻입니다. 첫째는 '찾아서 읽거나', 둘째 '물어서 듣거나'입니다.

설교자가 찾아서 읽을 수 있는 것에는 무엇이 있습니까? 책, 신문, 잡지, 인터넷 등 참 많습니다.

다음의 기사를 읽어 보도록 하겠습니다.

신출내기 사원들이 국내외 건설 공사를 속속 따내는 등 "대박"을 터뜨리는 경우가 늘어나고 있다. 엔지니어링업체인 OOO테크의 김OO 사원(26)은 최근 제법 규모있는 공사를 수주했다. 그녀가 이런 대규모 공사를 수주한 건 영업 경력이 남달리 뛰어나서가 아니었다. 참신한 순발력 하나로 성과를 얻어냈다. 다른 회사에서는 경력 있는 남자 사원들이 회사 소개서를 들고 접대 전선에서 뛰고 있을 때 김 씨는 컴퓨터 앞에 앉아 조달청 입찰 시장인 '나라장터'(www.g2b.go.kr)에 들어가 자사 기술로 수주할 수 있는 공사를 찾아낸 것이다. 김 씨는 지난 1년간 4차례에 걸쳐 총 81억 6천만 원을 수주해 월급 외에 특별 보너스 1천만 원을 받았다.[20]

이 여사원은 자신에게 필요한 정보가 모이는 포인트를 정확히 알고 있었습니다. 그리고 찾아 읽어서 월척을 낚아 올렸습니다. 이어서 다른 기사를 하나 더 보겠습니다.

OO물산은 지난해 입사한 영업 사원들이 만든 초보 상사맨들의 완벽 해외 출장 지침 1백 선(選)을 자사 홈페이지에 띄워 놓고 있다. 미국과 중국, 유럽 등지에서 바이어를 만나고 돌아다니는 과정에서 새내기들이 1년간 겪었던 생생한 현장 경험이 담겨 있다. 당초 동기 사원들끼리 십계명처럼 나눠 갖기로 하면서 시작된 것이 다듬어지고 보태지면서 사내 공유 정보가 된 것이다. 1백 가지 지침은 출장 2주 전부터 1주 전, 거래선을 만날 때, 호텔 투숙할 때, 이동할 때 등으로 나누어 행동 요령을 정리했다. '한국에 돌아온 뒤 거래선과 지점에 감사 메일을 보내라'는 귀국 후 지침도 있다.[21]

입사 동기생들끼리 만든 해외 출장 지침 십계명이 이렇게 멋진 모습으로 변화될 수 있었던 비결은 무엇이었을까요? 먼저 자기들만의 소유로 여기지 않고 공개했다는 점입니다. 여기에 선배들이 힘을 보탰습니다. 피터 드러커는 "정보는 나눌수록 값이 오른다"라고 가르칩니다.

정보를 낚아 올리는 두 가지 포인트, 즉 '찾아서 읽기' 위해서는 어디에 필요한 정보가 있는지(know-where) 알아야 하고, '물어서 듣기' 위해서는 누구와 정보를 나눌 것인지(know-who)를 알아야 합니다. 여기에 하나를 더 보탠다면 신문을 읽는 노하우(know-how)일 것입니다. 신문이야말로 정보의 보고입니다. 이 책만 보더라도 많은 신문 기사를 인용하고 있지 않습니까? 그 노하우를 다음과 같이 정리해 보았습니다.

신문을 읽는 7가지 노하우

① 고유명사, 전문용어, 신조어를 익혀라

요즘 젊은이들은 신문을 잘 안 읽습니다. 그러나 사실은 못 읽는 사람이 많습니다. "우리나라 국무총리가 누구냐?" 하고 한번 물어보십시오. 국무총리 이름 석 자를 분명히 댈 수 있는 젊은이가 거의 없습니다. 신문을 못 읽는 것은 모르는 용어들이 많은 까닭입니다. 운동선수, 가수, 배우에 관해서는 박사들입니다. 그래서 스포츠 신문은 어렵지 않게 읽을 수 있는 것입니다. 신문조차 제대로 읽지 않고 이 땅의 빛과 소금의 역할을 다한다는 것은 불가능한 이야기입니다. 모르는 용어는 물어봐야 합니다. 예전에는 책을 찾고 선생님을 찾아가야 했지만 이제는 아닙니다. 인터넷에 질문하면 친절하게 가르쳐 주는 사람들이 많습니다.

② 보도 기사와 해설 기사를 구별하라

신문 기사를 크게 둘로 나누면 보도 기사와 해설 기사로 나눌 수 있습니다. 보도 기사는 육하원칙에 따른 사실에 대한 기록이고, 해설 기사는 사실에 대한 의견입니다. 해설 기사를 읽을 때는 신문사나 기자의 주관적인 해석이라는 점을 염두에 두어야 합니다. 예전에는 보도 기사에 기자의 이름을 적지 않아 구별이 쉬웠습니다만, 요즘에는 보도 기사에도 이름이 올라옵니다. 그러나 조금만 유의해서 보면 이 둘을 구별하기가 어렵지 않습니다.

③ 크로스 체크하라

설교자가 소재로 쓸 만한 기사를 발견했다면 그 기사를 다른 신문에서도 확인하십시오. 어떤 신문 기사도 사건의 실체를 온전히 보여 줄 수는 없습니다. 단지 정치적인 이념 등이 달라서가 아닙니다. 원천적으로 불가능하기 때문입니다.

이렇게 생각하면 이해가 쉽습니다. 어떤 날은 기삿거리가 넘쳐 나고, 또 어떤 날은 기삿거리가 없는 평온한 날일 수도 있습니다. 그렇다면 신문의 지면도 그에 따라 많았다 적었다 해야 하는 것 아닙니까?

뉴스 시간도 늘렸다 줄였다 해야 할 것입니다. 그러나 신문 지면과 방송 시간은 자유자재로 늘렸다 줄였다 할 수 있는 것이 아닙니다. 이렇게 되는 가장 큰 이유는 미리 팔아 버린 광고 때문입니다. 기삿거리가 없다고 지면을 줄여 광고를 내보내지 않으면 고소당합니다. 매일 상황이 달라지지만 이를 담아 낼 신문 지면과 방송 시간은 정말 특별한 경우가 아니면 고정적입니다. 그러니 기삿거리가 많은 날은 줄여서 틀 속에 집어넣어야 합니다. 반대로 적은 날은 늘려야 합니다. 이를 편집 과정이라 합니다. 그래서 중요한 기사는 두 개 이상의 신문을 함께 읽으라고 이야기하는 것입니다.

④ 제목을 보고 유추하라

사건 현장을 누비며 기사를 작성해 신문사에 보내는 기자를 취재 기자라 부릅니다. 이 기사를 받아 지면 작성을 위해 손질하는 기자가 있습니다. 편집 기자입니다. 보통 데스크라 부릅니다. 기사의 내용을 손보기도 하고, 기사의 양을 조절하기도 합니다. 편집 기자의 가장 중요한 일 가운데 하나는 제목을 다는 일입니다. 모든 기사는 역삼각형으로 작성됩니다. 가장 중요한 사실을 위에 올려놓습니다. 윗부분만 보아도 사건의 대강을 파악할 수 있도록 편의를 제공하고 있는 셈입니다.

모든 기사의 첫머리를 장식하는 것이 바로 제목입니다. 보통 리드라고 부릅니다. 다른 이야기를 이끌고 나온다는 뜻입니다. 앞에서 책을 읽을 때 생각하고 읽으며, 자신의 생각과 비교하는 비판적 독서를 하라고 말했습니다. 신문도 마찬가지입니다. 제목을 보고 유추하면 됩니다. 제목을 보니 이 기사는 이런저런 이야기가 실려 있겠다 하는 식인 것입니다. 본인 생각과 같은 부분은 빠르게 지나가고 다른 부분만 유심히 읽으면 됩니다. 훈련을 거듭하면 빠른 시간에 많은 신문을 읽을 수 있습니다. 필요한 정보도 빼놓지 않고 골라낼 수 있게 됩니다.

⑤ 행간을 읽어라

기자들은 자신이 작성한 기사가 빠짐없이 인쇄되기를 바랍니다. 땀 흘려 취재한 귀한 정보이기 때문입니다. 그러나 편집 과정을 거치다 보면 원형을 그대로 유지하기가 어렵다는 사실을 기자들은 잘 알고 있습니다. 그래서 가끔 기사 속에 미루어 짐작할 수 있는 실마리를 감추어 놓는 경우가 있습니다. 생각하며 읽는 독자들은 그 의미를 발견할 수 있습니다. 예전에는 정치적인 이유 때문에 그런 경우가 많았습니다.

예를 들어 오래전 중공이 핵실험을 했을 때 일입니다. 국민들의 불안을 걱정한 정부가 보도를 막았습니다. 그래서 일본 신문을 전제한 기사를 실었습니다. 중공의 핵실험으로 인한 낙진 위험에 대비해야 한다는 내용이었습니다. 이 기사를 읽은 독자는 생각해야 합니다. '중공의 핵실험으로 인한 낙진이라면 일본보다 한국에 더 떨어질 텐데' 하고 말입니다.

그러나 요즘은 아닙니다. 오히려 경제적인 이유가 더 많습니다. 재벌 기업에 불리한 기사를 실으면 광고가 끊길 위험을 염려하기 때문입니다. 재벌과 관련된 기사를 읽을 때는 수수께끼를 푸는 심정으로 읽어 보십시오. 감춰 둔 보화를 발견할 수 있을지도 모릅니다.

⑥ 인터넷 판을 활용하라

요즘 포털 사이트를 보면 거의 모든 신문을 검색할 수 있습니다. 종이 신문을 보려면 취재, 편집, 인쇄, 그리고 배달까지 아무리 짧게 잡아도 12시간 이상이 걸립니다. 인터넷의 기사에 비하면 신문(新聞)이 아니라 구문(舊聞)인 셈입니다.

또한 인터넷에 오른 기사 가운데 중요한 소식들은 시시각각 관련 기사가 보태지기도 하고 바뀌기도 합니다. 한번 관심이 있는 기사를 인터넷에서 추적해 보시기 바랍니다. 그러고 나서 다음 날 아침에 배달된 신문의 기사와 비교해 보십시오. 기사를 보는 눈이 한층 밝아질 것입니다. 선정적인 제목의 기사에 낚이지 않는 수준에 도달해야 합니다.

⑦ 사실이지만 진실이 아닌 보도에 유의하라

언론의 힘이 예전 같지는 않습니다. 독자들의 의식 수준이 높아졌고 잘못된 보도에는 목소리를 높이는 일이 많아진 까닭입니다. 그래서 허위 보도는 좀처럼 찾아보기 어렵습니다. 그러나 진실이 아닌 보도들이 있습니다. 전체가 아니라 부분만을 보여 줌으로써 그릇된 인상을 끌어내는 경우가 대부분입니다.

제가 직접 겪은 이야기를 하나 소개하겠습니다. 1992년 8월 9일은 황영조 선수가 바르셀로나 올림픽에서 금메달을 딴 날이었습니다. 미국 시간으로 주일 오후였습니다. 다음 날 아침에 만난 미국 대학 교수가 한국인이 올림픽 금메달을 땄다고 제게 축하 인사를 건네며 한마디 덧붙였습니다.

"한국 사람들은 영적인(spiritual) 데가 있는 모양이야!"

무슨 뜻인지 묻는 질문에 그는 「USA Today」를 보라고 일러 주었습니다. 그 신문에는 황영조 선수의 우승 소식과 함께 또 하나의 기사가 있었습니다. 손기정 선생님의 베를린 올림픽 마라톤 우승과 황영조 선수의 우승은 우연이라 이야기하기 어려울 만큼 많은 부분이 겹친다는 것이었습니다.

우선, 손기정 선생님의 우승은 일제 치하인 1936년 8월 9일이었으니 정확히 56년 후 같은 날 황영조 선수가 우승했다는 사실을 들 수 있습니다. 또 황영조 선수와 몬주익 언덕에서 마지막까지 경합을 벌였던 선수가 일본의 모리시타 고이치라는 사실입니다.

그리고 결정적인 사실이 또 하나 있습니다. 올림픽 시작 전에 대한체육회에서 손기정 선생님께 참관을 권했지만 이번에도 마라톤 우승은 어렵겠다고 사양을 했다고 합니다. 그러나 마라톤 시합 이틀 전 손기정 선생님은 대한체육회에 연락해서 "이번엔 뭔가 특별한 일이 벌어질 것 같다"며 급히 바르셀로나로 가서 우승의 현장을 지켜보았다고 합니다. 관중석까지 찾아 올라온 황영조 선수가 손기정 선생님 목에 금메달을 걸어 드리자 "이제는 죽어도 한이 없다"고 하며 함께 껴안고 울었다는 내용이었습니다.

저도 사실인지 궁금했습니다. 한국 신문 기자에게 물었더니 자신도 궁금해서 취재해 본 결과 사실이었다고 했습니다. 그런데 마지막 한마디가 의미심장했습니다. 손기정 선생님은 4년마다 마라톤 시합 날이 다가오면 "이번엔 뭔가 특별한 일이 벌어질 것 같다. 가 봐야겠어!"라는 말을 한 번씩 했다고 합니다. 즉 매번 올림픽 때마다 벌어지는 일이라는 이야기입니다. 그렇다면 「USA Today」에 실린 기사는 사실입니까, 허위 보도입니까? 사실입니다. 그러나 이 기사를 읽고 '한국 사람들은 영적이다'라는 인상을 갖게 된 것은 진실입니까? 이런 까닭에 Part 2 '설교의 조직'에서 언급한 대로 전체 지향적 사고가 필요한 것입니다.

2020년 올림픽이 일본에서 열리기로 결정이 되었다고 합니다. 지난번 도쿄 올림픽 이후 56년 만의 일입니다. 다시 한 번 도쿄 올림픽 스타디움에 마라톤 우승의 태극기가 올라갔으면 하는 바람을 가져 봅니다. 그렇게만 된다면 '한국인에게는 영적인 데가 있는 것 같아!'라는 말에 동의해도 될지 모르겠습니다.

정보의 양을 충분히 확보할 수 있는 방법을 다음과 같이 정리해 보았습니다.

> 1. 정보를 밥이라 생각하라.
> 2. 적절히 분류하여 모아라.
> 3. 정기적으로 정리하라.
> 4. 낯선 부문은 기본부터 시작하라.
> 5. 관련 잡지나 저널에서 권위자의 이름을 익혀라.
> 6. 최신 저널의 Reference를 활용하라.
> 7. 익숙한 부문은 길목에 덫을 놓고 기다려라.
> 8. 함께 사냥에 나설 동지를 확보하라.

이제 정보의 양을 확보할 수 있는 'Know-where', 'Know-who'와 함께 'Know-how'까지 모두 갖추게 되었습니다. 정보 사냥에 나설 차례입니다. 그러나 설교에 모든 포획물을 다 쓸 수는 없습니다. 시간적 제약도 문제이지만 설교의 목표를 이루기 위해서는 질을 높여야 하는 과제가 남아 있습니다.

"오늘
대한민국을
설교하라"

**大韓
民國**

06 최고의 설교를 위한 5가지 정보 요리법

　렌즈를 이용해서 불을 붙이려면 초점을 맞춰야 합니다. 성도들의 마음에 불을 붙이는 방법 또한 마찬가지입니다. 충분히 확보한 정보의 양을 좁히고 좁혀야 합니다. 이 과정을 '단순'하게 만든다고 표현합니다. 그런데 단순하게 만드는 것은 생각만큼 간단하지가 않습니다. 코끼리를 만진 장님들이 제각각, 배를 만지고는 "코끼리는 벽이야", 귀를 만지고는 "코끼리는 부채야" 하는 것이 단순한 것인가요? 이는 단순한 것이 아니라 단편적인 것입니다. 단순화 작업은 전체의 핵심을 뽑아내는 결코 쉽지 않은 작업입니다.

　이러한 단순화 작업은 2단계로 진행됩니다. 먼저 양을 확보해 쌓아 올리십시오. 이 일은 더 이상 쌓을 곳이 없을 때까지 계속되어야 합니다. 그다음에는 하나씩 하나씩 빼내십시오. 더 이상 빼낼 수 없을 때까지, 무너지기 직전까지 빼내야 합니다.

이 정도 되면 'KISS'의 경지에 도달했다고 말합니다. 'Keep It Simple, Stupid', 바보도 알아들을 만큼 단순하게 만들어졌다는 뜻입니다. 그렇다면 무엇을 남기고 무엇을 버려야 하겠습니까? 그 기준은 설교자가 설정한 목표입니다.

설교의 목표와 직접 관련되지 않는 자료는 다 버리라는 뜻입니다. 자료를 모으는 것도 쉽지 않은 일이지만 버리는 일은 더욱 어렵습니다. 그러나 여기서 실패하면 성도의 마음에 불을 붙이지 못한다는 사실을 기억해야 합니다. 그리고 버려진 자료는 다른 설교에 활용하면 되므로 너무 아까워할 필요는 없습니다.

자료를 선별하는 기준은 세 가지입니다. 첫째는 성도들이 원하는 것과 필요한 것을 합쳐 설정한(what they want + what they need) 설교의 목표를 중심으로 골라야 합니다. 둘째는 시간과 공간은 지금 여기와 가까울수록 좋습니다. 셋째는 다음 표를 참조하십시오.

1순위	핵심 사항, 필수 내용
2순위	증거가 되는 부연 설명
3순위	그 이외의 부연 설명, 사용 가능
4순위	보충 자료, 생략 가능
5순위	주제와 무관한 재미 있는 이야기

1863년 11월 19일 남북전쟁의 격전지였던 미국 펜실베이니아 주 게티스버그에서 전몰장병을 위한 묘지 봉헌식이 열렸습니다. 그 유명한 링컨의 게티스버그 연설의 현장입니다. 아마도 마지막 문장을 기억할 것입니다.

국민의, 국민에 의한, 국민을 위한 정부는 지구 상에서 영원히 사라지지 않을 것입니다(government of the people, by the people, for the people shall not perish from the earth).

총 266단어에 불과한 짧은 연설이었습니다. 그러나 지금까지 수많은 사람들이 기억하는 이유는 민주주의의 핵심을 단순하게, 그야말로 바보도 알아들을 만큼 좁혔기 때문입니다.

링컨의 연설 전에 당대의 명웅변가 에드워드 에버렛의 두 시간에 걸친 긴 연설이 있었습니다. 그러나 그의 연설을 기억하는 사람은 아무도 없습니다. 훗날 에버렛은 "나의 두 시간 연설이 링컨의 2분간의 연설처럼 '묘지 봉헌식'의 의미를 잘 포착할 수 있었다면 얼마나 좋았겠습니까?" 하며 탄식했다는 일화가 전해 옵니다.

영국의 명재상이었던 처칠도 단순한 연설에 능한 사람이었습니다. 그는 옥스포드대학교 입학식에서 "이것은 끝이 아닙니다. 끝의 시작도 아닙니다. 아마도 시작의 끝인지 모릅니다"(It is not the end. It is not even the beginning of the end. But, it is perhaps, the end of the beginning)라는 짧은 연설을 했습니다. 그리고 졸업식에서는 "절대로, 절대로, 절대로, 절대로 포기하지 마십시오"(never, never, never, never give up)라고 핵심적이면서도 짧은 문장을 외쳤습니다. 다음의 문장은 그가 우리에게 보내는 경고입니다.

한 장짜리 보고서라면 내 약속하지, 주의 깊게 읽을 거야. 그러나 그 이상 길어지면 내 비서가 즉각 쓰레기통에 버리고 말 거야(If it is just one page, I promise to read it with attention, If it is longer, my secretary will put it straight into a wastepaper basket).

양질의 법칙을 이용한 단순화는 곁가지를 쳐 내며 핵심으로 나아가는 추상화 과정입니다. 핵심, 즉 본질에 도달했다는 것은 정점에 섰다는 것을 뜻합니다. 그래서 본질을 알고 나면 마치 꼭대기에서 보면 아래가 훤히 보이는 것처럼 수많은 현상들을 빠르고도 쉽게 이해할 수 있게 됩니다. 나아가 본질에 대한 이해는 곧 특정 상황에 적절한 적용 혹은 응용을 가능하게 합니다.

그러나 성도들의 적용 능력이 떨어지는 경우, 다시 구체화시켜 보여 주는 서비스가 필요합니다. 따라서 구체적 목표로부터 시작된 단순화는 다시 구체적 예로 돌아가는 역 V자 형태를 띠게 됩니다. '정보'에서 궁극적으로 배워야 할 점은 '단순 지향적 사고'입니다.

이런 단순, 명쾌한 설교가 한 번에 나올 수는 없습니다. 찾아서 읽고, 묻고 들어서 얻은 정보를 요리하고 또 요리한 결과물입니다. 수집된 정보는 4단계에 걸쳐 다섯 가지 방법으로 요리됩니다. 그 구체적인 내용을 살펴보기 전에 정리해야 할 일이 있습니다.

더 이상 복잡해지기 전에 지금까지 '로고스' 편에서 살펴본 '기획', '조직', '정보'를 명확하게 기억할 수 있도록 좀더 단순하게 정리해 보도록 하겠습니다.

먼저 '기획'에서는 결론부터 생각하는 목표 지향적 사고를 강조했습니다. 다음 '조직'에서는 큰 그림, 즉 전체로부터 생각하는 전체 지향적 사고를 살펴보았습니다. 마지막 '정보'에서는 양질의 법칙에 따라 단순하게 만드는 단순 지향적 사고를 이야기했습니다.

이를 다른 식으로 표현해 보겠습니다. '기획'의 모토를 기억하십니까? '조준 법칙에 따라 맞춰라.' 두 가지를 맞추기로 했습니다. 첫째는 목표, 둘째는 성도의 코드입니다. 이 과정을 한마디로 표현하면 '지(知)적 사고'입니다. 머리를 써야 한다는 뜻입니다.

다음으로 '조직'의 모토는 '줄인 법칙에 따라 엮어라'입니다. 누락 방지, 중복 방지, 그리고 착오 방지를 위한 필수 과정이라고 강조했습니다. 이를 한마디로 표현하면 '지(紙)적 구상'입니다. 종이에 그림으로 그려 보라는 뜻입니다.

마지막으로 '정보'의 모토는 '양질의 법칙에 따라 좁혀라'입니다. 정보의 양을 확보한 다음 질을 높여야 한다는 점을 강조했습니다. 이는 '쥐적 검색'에서 시작해 '지(指)적 함축'으로 끝을 맺게 됩니다.

여기서 '쥐'란 마우스를 뜻합니다. 컴퓨터 검색을 위해 사용하는 마우스의 원래 의미인 '쥐'에서 따온 말입니다. '지(指)'는 손가락을 의미하는 것으로 설교자의 설교가 성도들의 갈 길을 가리키는 역할을 해야 한다는 의미입니다. 이 과정을 충실하게 밟아 준비된 설교라면 창의적인 설교라는 평가를 받기에 부족함이 없을 것입니다.

양을 먼저 확보한 다음 질을 추구해 명쾌하고 단순한 경지에 이르는 정보 요리법은 다섯 가지입니다. 그리고 이 다섯 가지 요리법은 4단계로 구성됩니다. 4단계는 관찰로부터 시작해 비교, 분석, 예측과 처방입니다. 이는 목표 설정 마지막 부분에 예시한 상견례 이야기에서 언급한 4단계를 가리킵니다.

다섯 가지 요리법은 아리스토텔레스로부터 시작된 수사학에 바탕을 둔 것으로 용어와 배열은 제 스스로 많은 실습을 통해 만들어 낸 것입니다. 다만 이 요리법들은 양에서 질로 나아가기 위해 필요한 방법이라는 점을 기억해 두시기 바랍니다.

관찰 단계–낙엽 하나로 가을이 왔다는 것을 알 수 있다(한큐법)

첫 번째 정보 요리법인 '한큐법'부터 살펴보도록 하겠습니다.

한큐법은 한 조각의 정보로 설교의 효과를 높일 수 있는 방법입니다. 한큐법이라는 이름은 이해를 돕기 위해 제가 임의로 붙인 것입니다. '낙엽 하나로 가을이 왔다는 것을 알 수 있다'는 식입니다. 예를 들어 설명해 보겠습니다.

노르망디의 조선인(1944년경)

독일 군복을 입은 이 동양인은 누구일까요? 1944년 6월 6일 프랑스 노르망디의 유타 해변에서 다른 세 명의 동양인들과 함께 미군에 맨 처음 투항했다고 전해지는 동방 대대 출신의 병사입니다. 이 독일 병사의 정체는 과연 누구일까요? 미국의 한 전쟁사학자는 다음과 같이 적고 있습니다.

> 이 남자는 일본군으로 징집되었다. 1939년 만주 국경 분쟁 당시 소련군에 붙잡혀 붉은 군대에 편입되었다. 그는 다시 독일군 포로가 되어 대서양 방어선을 건설하는 데 강제 투입되었다. 노르망디 상륙작전 때 다시 미군의 포로가 되었다.
> 포로로 붙잡혔을 당시 아무도 그가 사용하는 언어를 알아들을 수가

없었다. 그는 한국인으로 밝혀졌으며, 미 정보 부대에 자신의 사연을 이야기했다.

노르망디에 투입된 미 공수 부대의 증언을 바탕으로 제작된 TV 시리즈 〈밴드 오브 브라더스〉(2000)의 원작자이자 전쟁사학자로 명성이 있는 스티븐 앰브로스가 자신의 책 『D-Day』에서 언급한 이 '노르망디 조선인(한국인)'의 이야기는 이 한 장의 사진과 함께 사람들의 입소문을 타기 시작했습니다.

주로 전쟁사와 관련된 인터넷 사이트에서는 그가 양경종이라는 이름을 가진 실존 인물이며, 포로로 영국에서 미국으로 이송되어 미국에서 살다가 1992년경에 생을 마친 것으로 추측된다고 밝히고 있습니다. 이 사진을 바탕으로 소설가 조정래 선생은 『오 하느님』이라는 책을 출간했습니다.

한 권의 소설이 된 사진 한 장! 기구한 한 사내의 운명, 굴곡진 우리 민족의 역사, 전쟁의 참상, 인간의 잔악함 등 이 한 장의 사진에 너무도 많은 메시지가 담겨 있습니다. 이렇게 한 장의 사진만으로도 풀어낼 수 있는 이야기들이 많이 있습니다.

이와 같은 정보 한 조각을 찾아 제시함으로 성도들의 주의를 환기시키는 방법, 이것이 바로 한큐법입니다. 그 많은 메시지 가운데 어떤 것을 부각시키느냐 하는 것은 설교자의 목표에 달려 있습니다.

전쟁의 참상을 고발하는 사진 한 장을 더 보도록 하겠습니다.

독수리와 소녀(1994), 케빈 카터

　이 사진은 1993년 3월 「뉴욕 타임스」 1면에 컬러로 게재되자마자 단숨에 화제를 불러일으켜 1994년 퓰리처 수상작이 되었습니다. 아프리카 수단 남부의 식량 센터로 이동하던 사진 기자 케빈 카터가 촬영한 사진입니다. 굶주림에 지쳐 엎드려 있는 어린 소녀의 뒤로 독수리가 먹잇감이 어서 죽기만을 기다리고 있습니다.

　처음엔 절묘한 상황을 포착한 케빈의 능력에 찬사가 쏟아졌지만 곧 '촬영 따위는 집어치우고 먼저 소녀를 구했어야 옳은 게 아닌가'라는 비판이 들끓기 시작했습니다. 케빈은 시상식이 열린 지 한 달도 채 지나지 않아 자신이 몰던 차 안에서 자살을 했다고 합니다. 남겨진 유서에는 자살을 택할 수밖에 없게 만든 고민과 방황의 흔적이 역력했다고 합니다.

　한편, 이 사진을 본 전주예수병원 김민철 종양외과 의사와 산부인과 의사였던 부인이 나이지리아 선교에 헌신하게 되었다는 이야기도 전해집니다. 죽음으로 몰고 가기도 하고, 선교를 위해 온몸을 던지는 결심을 끌어낼 만큼 강력한 정보, 이것이 바로 한큐법의 매력입니다. 한 가지 예를 더 보도록 합시다.

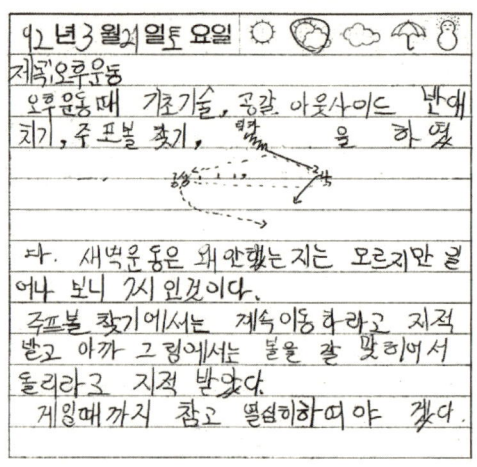

박지성 선수의 초등학교 일기장

이 기록을 남긴 꼬마는 다름 아닌 축구 선수 박지성 씨입니다. 초등학교 때부터 써 온 일기장입니다. 대한민국에서 가장 성공한 축구 선수는 그냥 되는 것이 아닙니다. 이런 꾸준한 노력이 든든한 뒷받침이 된 것 아니겠습니까?

이 자료를 가지고 이야기를 만드는 간단한 방법을 알려 드리겠습니다. 먼저, 자료를 소개합니다. 이때 명심해야 할 비결은 '육하원칙에 따라 드라이(Dry)하게'입니다. 자료의 출처와 누가, 언제, 어디서, 무엇을 기록했다는 식으로 소개하되 드라이하게 하라는 것입니다. "여러분이 보신 일기장은 축구 선수 박지성이 열한 살 때 쓴 것입니다. 그림까지 그려 가며 오늘 무엇을 배웠는지, 무엇이 부족해 지적을 받았는지 자세히 적었습니다" 하는 식입니다.

다음으로, 자료의 의미를 부각시킵니다. 이때 요령은 '리드를 중심으로 클리어(Clear)하게'입니다. 리드란 신문 제목을 의미합니다. 앞에서 언급한 대로 신문 제목은 쉽게 정해지는 것이 아닙니다. 한 장의 자료에 많은 의미가 담겨 있지만 그 가운데 중점적으로 부각시키고 싶은 포인트를 제목으로 띄웁니다.

부각(浮刻)이란 중점 포인트만을 띄우기(浮) 위해 나머지 것들을 모두 깎아(刻) 낸다는 뜻입니다. 초보자들이 걸려 넘어지는 실수가 바로 이것입니다. 과감하게 깎아 내지 못하는 것입니다. 너무 많은 것을 한꺼번에 말하고 싶은 욕심 때문입니다. 다시 한 번 말하지만 자료는 자료일 뿐입니다. 자료가 필요한 이유는 목표를 이루기 위해서입니다.

만약 이 자료를 쓰는 이유가 '저절로 쉽게 성공하는 법은 없다'는 점을 이야기하기 위한 것이라면 직접 관련되지 않은 내용들은 과감하게 정리해야 합니다. 예를 들면, "박지성 선수와 함께 축구를 배운 학생들이 한두 명은 아니었을 것입니다. 그러나 박지성 선수처럼 일기를 쓴 친구는 별로 없을 것입니다. 훈련을 마치면 지치고 힘들어 누구라도 쉬고 싶겠죠.

그러나 박지성 선수는 꼼꼼하게 기록했습니다. 잘 알려진 대로 박지성 선수의 발은 평발입니다. 축구 선수로서 큰 약점이죠. 그러나 다른 선수들보다 오히려 더 많이 뜁니다. 오죽하면 산소 탱크라 불렸겠습니까? 그의 놀라운 성공의 비결은 끊임없는 노력이었습니다"하는 식입니다.

마지막으로, 설교자가 강조하고 싶은 점을 제시하면 됩니다. 이때 요령은 '성도들을 중심으로 딥(Deep)하게'입니다. 예를 들어 "삶이 힘들다 보면 요행을 바라는 수도 있습니다. 그래서 로또를 사는 사람들도 많습니다. 간혹 생각지도 못했던 대박을 터트려 환호성을 지르는 사람들도 있습니다. 그러나 준비되지 않은 행운은 진정한 행운이 아닙니다. 예정된 불운일 뿐입니다. 우리나라에서 로또가 발매된 이후 5천만 원 이상 당첨된 사람 가운데 60%가 이혼했다는 이야기를 들어 보셨습니까? 여러분의 가슴에 오래도록 간직한 꿈이 있습니까? 한 걸음 한 걸음씩 나아갑시다. 그리고 하나님께서 인간의 꿈과 소망을 어떻게 다루시는지 성경에서 살펴야 합니다" 하는 식입니다.

이러한 스토리텔링 방법은 한큐법에 국한되지 않습니다. 이어 소개할 다른 네 가지 요리법에도 그대로 적용됩니다.

이런 자료를 어디서 구할 수 있을까요? 앞에서 언급한 대로 자료를 구하는 방법은 단 두 가지, 즉 '찾아서 읽거나', 혹은 '물어서 듣거나'입니다. 매일처럼 쏟아지는 한큐법 자료들을 놓치지 마시기 바랍니다. 한큐법을 사용하는 요령을 정리하면 다음과 같습니다.

> 1. 논리의 흐름을 파악하라.
> 2. 정확한 위치를 찾아라.(적재적소)
> 3. 특별한 예와 사진 등을 놓치지 말라.
> 4. 너무 생소하거나 희귀하면 역효과를 초래한다.
> 5. 지금 여기(now&here)에 가까울수록 효과가 크다.
> 6. 더 강한 설득력을 위해 두 개 이상의 병렬을 고려하라.

 이쯤에서 관찰의 의미를 정리해 보도록 하겠습니다. 한큐법을 능숙하게 사용하려면 평소에 많은 자료를 모아 두어야 합니다. 그러나 정보 요리의 가장 기초적인 단계로 소개하는 관찰은 그냥 바라본다는 뜻이 아닙니다. 나름대로 해석한다는 의미가 담겨 있습니다.
 박지성 선수는 1992년 3월 21일 자신이 배운 내용을 자신의 방식으로 다시 정리했습니다. 그림까지 그렸습니다. 이는 그날 훈련의 모든 모습을 녹화한 것과 다릅니다. 그림이 사진과 다른 것 또한 마찬가지 논리입니다.
 매일매일 일어나는 일들을 무심히 흘려보내지 말고, 유심히 관찰하고 기록하고 보관하는 습관이 필요합니다. 모아 두면 소중한 재산이 됩니다. 앞에서 공신력에 대해 이야기하면서 고은 선생, 김주영 선생, 그리고 유홍준 교수의 공통점이 끊임없는 기록이었다고 적었던 부분을 기억하십니까? 정보 요리 4단계 가운데 한큐법은 첫 번째 관찰 단계에 속하는 요리법입니다.

설교자를 위한 자료는 주변에서 얼마든지 구할 수 있습니다. 예를 하나 들어 보겠습니다. 어느 공공기관에서 강의 의뢰가 왔습니다. 개혁과 혁신에 관한 강의를 해달라는 부탁이었습니다.

익숙했던 것들을 버리라는 주문에 즐거워할 사람은 거의 없습니다. 개혁과 혁신에 대한 부정적인 생각을 극복하지 못하면 성공할 수 없는 어려운 강의였습니다. 우선 '해야 한다'는 공감대를 만들어 내는 일이 시급합니다. '어떻게'(how) 이전에 '왜'(why)를 해결해야 한다고 말씀드린 것을 기억하십니까? 그러나 여기에 많은 시간을 들일 여유는 없었습니다. 궁리에 궁리를 거듭했습니다. 고민 끝에 이런 이야기로 강의를 시작했습니다.

지난해 부모님을 모시고 동해안으로 여름휴가를 떠났습니다. 집에서 출발해 서울 외곽 순환 고속도로를 달리고 있었습니다. 아버님이 "신문에 보니까 춘천까지 새로운 고속도로가 개통되었다는데 그 길로 가면 어떻겠니?" 하시기에 이정표를 안내 삼아 새로 개통된 서울-춘천 간 고속도로에 들어섰습니다.

그런데 재미있는 일이 벌어졌습니다. 제 차에 장착된 내비게이션에는 그 길이 없는 것이었습니다. 그러니 제 차의 내비게이션 화살표는 길도 없는 지도를 가로질러 달리고 있었습니다. 그리고 아무 소리도 못하고 침묵을 지킬 수밖에 없었습니다. 그러다가 지도상에서 다른 길과 마주칠 때면 엉뚱한 안내를 했습니다. "좌회전하십시오", 혹은 "우회전하십시오" 하는 식이었습니다. 왜 이런 일이 벌어졌을까요? 업데이트를 하지 않은 까닭입니다.

세상이 빠르게 변화하고 있습니다. 여러분의 후배들은 이전에는 생각지도 못했던 스마트폰을 가지고 일합니다. 업데이트하지 못하면 할 말이 없게 됩니다. 간혹 충고 삼아 하는 한마디가 엉뚱한 이야기가 될 수도 있습니다.

이 짧은 이야기로 개혁에 대해 거부감을 가지고 있는 청중의 마음 문을 열 수 있었습니다. 한큐법을 활용한 것이었습니다. 이 이야기의 강점은 누구든지 쉽게 이해하고 공감할 수 있는 주변의 이야기였다는 사실입니다.

정보의 사냥꾼이 되십시오. 사냥꾼은 동물의 발자국 하나만 가지고서도 많은 정보를 얻어낼 수 있습니다. 앞에서 공신력의 예로 소개한 유홍준 교수의 『나의 문화유산답사기』의 주제가 된 시 한 수를 소개하겠습니다.

사랑하면 알게 되고, 알고 나면 보이나니, 이때 보이는 것은 예전 것과 다르니라.[22]

성도들을 사랑하는 설교자는 맛있는 꿀을 먹이기 위해 산야를 헤맵니다. 그 끝에 찾아낸 정보 또한 사랑스럽지 않겠습니까? 이런 마음이 정보를 요리하는 설교자의 기초가 되어야 할 에토스입니다.

비교 단계-옛것과 새것을 비교하라(원근법)

한큐법이 한 조각의 정보를 이용했다면 다음은 두 개 이상의 정보를 비교해 설교의 효과를 높일 수 있는 비교 단계입니다. 여기에는 옛것과 새것을 비교하는 원근법과 대조되는 두 개 이상의 정보를 비교하는 명암법, 두 가지 방법이 있습니다.

구체적인 사용 방법을 살펴보기 전에 비교를 통해 어떤 효과를 거둘 수 있는지 다음기사를 통해 간단한 예를 들어 보겠습니다.

해외에선 심심찮게 볼 수 있는 재력가들의 공개 구혼이 우리나라에서도 현실화됐다. 한 결혼정보업체는 10일 게시판을 통해 "1,000억 원대 재산을 가진 아버지가 딸의 배우자를 찾기 위해 상담을 했다"면서 "이 아버지는 아들이 없는 집안을 이끌어 나갈 사람을 원하고 있다"고 밝혔다.

이 결혼정보업체에 따르면 이 아버지는 최근 "해외 유학파인 딸이 전문직으로 일하면서 본인 재산만 20억 원이 넘는다. 나이가 약간 많은 것을 제외하고는 흠잡을 데가 없다"며 어울리는 배필을 찾아 줄 것을 부탁했다고 말했다.

여성은 38세로 서울에 거주하고 있으며 종교는 기독교인 것으로 알려졌다. 배우자의 조건으로는 외모가 단정하고 종교가 같아야 하며 올바른 가정에서 자란 똑똑한 남성이라고 밝혔다.[23]

예상한 대로 너무 많은 지원자가 몰려 5일 만에 270명으로 조기 마감했다는 후속 보도도 있었습니다. 자, 이 자료를 설교에 활용할 수 있는 방법을 생각해 보도록 하겠습니다. 제가 생각한 바를 마치 설교하는 방식으로 적어 보겠습니다.

성도 여러분, 재미있는 기사이지요? 오늘 저는 여러분에게 신붓감을 찾고 있는 사람을 소개하려 합니다.
이분의 재산은 1,000억 정도가 아닙니다. 너무 많아서 계산이 불가능합니다. 그런데 이분이 내세우는 조건은 너무나도 낮습니다. 아니 조건이 없다는 것이 정확한 표현일 것입니다.
집안, 보지 않겠답니다. 외모, 전혀 상관없답니다. 똑똑하지 않아도 아무 문제없답니다. 여러분, 이분이 누구인지 짐작이 가시죠? 그렇습니다. 바로 이분은 우리 신랑 되신 예수님이십니다.

우리는 하나님과 예수님의 그 절대적인 사랑을 실감하기 어렵습니다. 측량할 수 없기 때문에 이때 필요한 것이 상대적인 비교입니다. 우리 주의 사랑이 얼마나 큰지, 그 은혜가 얼마나 엄청난 것인지 가슴

떨리도록 전달하는 것이 설교자의 사명이요, 특권인 것입니다.

이제 본격적으로 옛 것과 새것을 비교하는 원근법에 대해 살펴볼 차례입니다. 먼저 옛 것과 새것을 비교하는 원근법에 대해 살펴보겠습니다. 공자는 『논어』 "위정" 편에서 "옛 것과 새것을 알면 남의 스승이 될 수 있다"(溫故知新可以爲師矣)고 했습니다. 옛 것을 알아야 새로운 현상의 의미를 알 수 있습니다. 이를 토대로 내일을 예측하고 처방할 수 있기 때문입니다.

어느 것이든 단번에 이루어진 것은 없습니다. 세월을 거듭하면서 조금씩 다듬어지고 고쳐지면서 지금의 모습이 된 것입니다. 이와 같이 옛 것을 통해 새 것을 비교하며 지금 우리가 지녀야 할 마음가짐과 지혜에 대해 배울 수 있습니다. 설교를 할 때에도 옛 자료를 이용하여 지금 현재 상황과 비교하는 방식으로 메시지를 전할 수 있습니다. 먼저 간단한 예를 들어 설명해 보겠습니다.

요즘 인터넷에는 연예인들의 어린 시절 사진이나 젊은 시절 사진이 공개되어 검색만 하면 누구나 쉽게 찾아 볼 수 있습니다. 예전 모습이 지금보다 뛰어난 경우도 있고 다소 촌스러운 모습일 때도 있습니다. 이런 자료는 어떻게 설교에 활용하면 좋을까요? 많은 그림을 그려볼 수 있을 것입니다.

우선, "세월이 지나면 변하는 것은 지극히 당연한 일입니다. 그런데 세월이 지나도 변하지 않는, 어릴 적 모습 그대로인 사람이 있다면 사람들이 뭐라 할까요? 세월이 지나도 변하지 않는 것은 지극히 부자연스러운 일입니다"와 같은 방식을 통해 변화의 필요성으로 연결할 수 있습니다.

또한 "아무리 고운 사람도 세월 앞에서는 어쩔 수 없습니다. 그러나 아무리 오랜 세월이 지나도 전혀 변화되지 않는 것이 있습니다. 무엇일까요?" 하며 영원히 변치 않는 하나님의 사랑과 대조시킬 수도 있습니다. 그런데 중년 연기자 중에서는 흑백사진 속의 모습이 현재와 다름없이 뛰어난 미모를 가지고 있는 경우도 볼 수 있는데, 이런 자료를 가지고는 "오래도록 잊히지 않는 스타는 예쁜 얼굴만으로는 안 됩니다. 실력이 있어야 오래도록 일할 수 있습니다" 하는 식으로 풀어갈 수도 있을 것입니다.

계속 주지하다시피 자료는 자료일 뿐입니다. 정말 중요한 것은 무엇을 위해 이 자료를 사용하는지, 즉 목표입니다. 설교를 마친 뒤 주제는 생각나지 않고 재미있는 예화만 기억나는 경우가 종종 있습니다. 아무리 재미있는 예화라 할지라도 마음을 울리고 기억에 남는 메시지가 없다면 이는 설교자가 자료를 이용한 것이 아니라 자료에 먹힌 것입니다. 그 이유는 분명한 목표가 없었던 탓입니다.

정보를 밥으로 여기라는 말은 특별한 사정이 아니라면 밥을 굶지 않듯이 정보를 모으는 일을 게을리 하지 말라는 뜻과 함께 또 하나 중요한 의미가 있습니다. 사람이 밥을 먹어야지, 밥이 사람을 먹지 않게 하라는 점입니다. 목표가 분명하지 못한 경우 그렇게 되기 십상입니다. 다른 자료를 하나 더 보겠습니다.

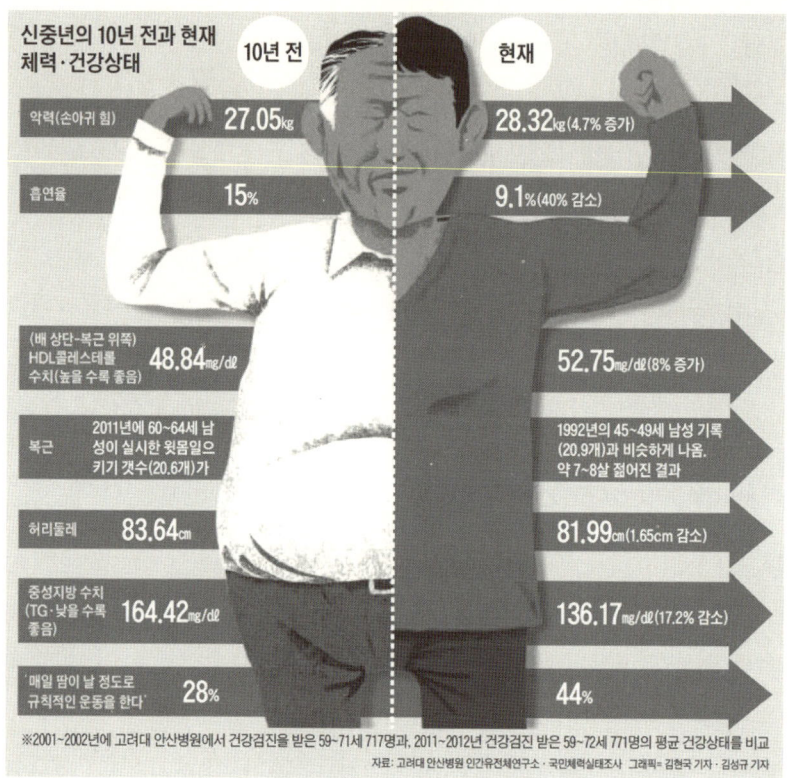

신중년의 10년 전과 현재 체력·건강상태 [24]

'신중년'이란 단어를 들어보았습니까? 60세부터 75세에 이르는 어르신들을 가리키는 새로운 용어입니다. 과거에 비해 훨씬 젊어졌다는 뜻으로 '신'(新)을 붙였습니다.

같은 연령층을 대상으로 10년 전과 현재의 모습을 비교했으니 전형적인 원근법입니다. 신문과 방송에는 이런 통계들이 많이 나와 있습니다. 설교를 풍요롭게 만들어 줄 만한 자료들을 놓치지 마시기 바랍니다. 이때 유의해야 할 점이 있습니다. 자료의 출처와 측정 방법이 정확히 기술되어 있는지 확인해야 합니다. 이 또한 설교자의 의무라고 할 수 있습니다.

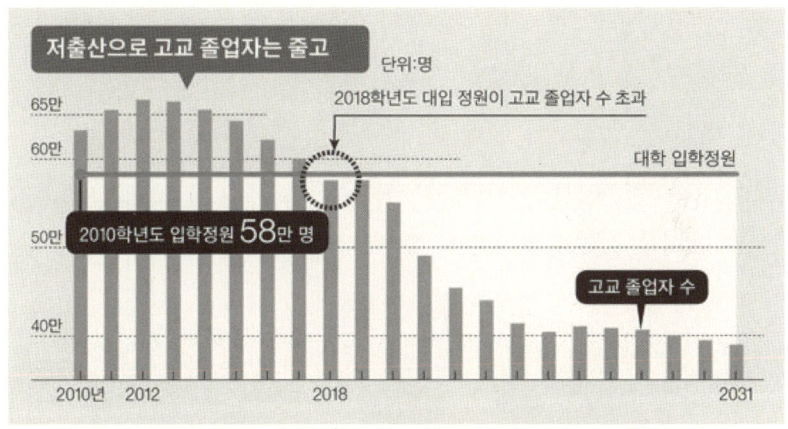

저출산으로 고교 졸업생이 대학 정원보다 적어지는 '역전 현상'[25)]

이 도표는 대학 정원과 고교 졸업생 숫자를 나타낸 것입니다. 2018년이 되면 고교 졸업생이 대학 정원에 못 미치게 된다는 점을 명확히 보여 줍니다. 관찰, 기록, 보관해 만든 데이터가 쌓이면 이처럼 변화의 패턴을 읽을 수 있습니다. 그다음은 이유를 찾는 분석 단계를 거쳐 예측, 처방하는 단계로 자료를 요리하면 됩니다.

다른 자료를 가지고 한 번 더 정보를 요리해 보도록 하겠습니다.

노무현 정부 초창기에 일어난 대구 지하철 참사를 기억하실 것입니다. 당시 문화부장관이었던 이창동 장관은 유명한 영화감독 출신이었습니다. 이 장관이 대구 지하철 참사 며칠 뒤에 인터넷에 발표한 장관 취임사에서 이 사고에 대해 언급한 대목이 있습니다. 좋은 기록이라는 생각에 보관해 두었습니다. 그 내용의 일부를 살펴보도록 하겠습니다.

> 따지고 보면 그날 사고가 나던 대구 지하철은 처음부터 끝까지 모든 소통이 막혀 있었습니다. 자신이 이 사회와 전혀 소통하지 못하고 있다고 생각한 한 사내는 플라스틱 휘발유 통을 들고 소통 대신 파괴를 선택합니다. 1079호, 1080호의 기관실과 조종실 사이에도 의사소통이 막혀 있었고, 객차에 있던 무고한 시민들은 한마디의 경고도 듣지 못한 채 운명의 시간 직전까지 그냥 앉아 있었습니다. 사고 발생 후 대구시 당국과 희생자 가족들 사이에는 어떤 대화도 통하지 않았습니다.[26]

이 글을 다시 꺼낸 것은 약 2년 뒤였습니다. 그 이유는 또 하나의 사건이 발생했기 때문입니다. 그리고 이 장관의 글을 다음과 같이 고쳐 써 보았습니다.

> 따지고 보면 그날 사고가 나던 연천 최전방 GP는 처음부터 끝까지 모든 소통이 막혀 있었습니다. 자신이 부대원들과 전혀 소통하지 못하고 있다고 생각한 한 병사는 수류탄을 들고 소통 대신 파괴를 선택합니다. GP와 GOP 사이에도 의사소통이 막혀 있었고, 내무반에 있던 무

고한 병사들은 한마디의 경고도 듣지 못한 채 운명의 시간 직전까지 그냥 누워 잠들어 있었습니다. 사고 발생 후 군 당국과 희생자 가족들 사이에는 어떤 대화도 통하지 않았습니다.

2005년 6월 19일 연천 최전방 GP에서 일어난 총기 난사 사건을 2년 전의 대구 지하철 참사와 비교해 만든 글입니다. 시간, 공간, 그리고 인간만 다를 뿐 나머지는 토씨 하나도 다르지 않은 글입니다.

그런데 너무나 어처구니없게도, 너무나 안타깝게도 저는 이 글을 10여 년 만에 다시 꺼낼 수밖에 없었습니다. 그리고 이렇게 바꿔 썼습니다.

따지고 보면 그날 사고가 나던 세월호 침몰 현장은 처음부터 끝까지 모든 소통이 막혀 있었습니다. 무책임한 선장은 어린 항해사에게 배를 맡긴 끝에 사고가 나자 승객과의 소통 대신 도피를 선택합니다. 세월호와 재난 구조를 담당한 해경 사이에도 의사소통이 막혀 있었고, 객실에 있던 꽃다운 학생과 승객들은 한마디의 경고도 듣지 못한 채 운명의 시간 직전까지 그냥 앉아 있었습니다. 사고 발생 후 정부 당국과 희생자 가족들 사이에는 어떤 대화도 통하지 않았습니다.

이 세 글을 제시한 다음, "이 엄청난 대형 참사의 공통된 원인은 무엇입니까?" 하고 물으면 지체 없이 답이 나옵니다. "의사소통!" 이어서 이창동 장관의 글의 결론 부분을 보도록 하겠습니다.

> 이 모든 것은 지금 우리 사회에서 소통의 기능이 얼마나 막혀 있는가를 비극적으로 보여 줍니다. 오늘날 현대사회에서 '소통'이란 그 사회의 성격의 질을 결정짓는 중요한 요소입니다.

저는 기업에서 커뮤니케이션 교육을 할 때 이 글을 보여주면서 "이 글의 마지막 문장 가운데 '사회'를 '회사'로 바꿔 써도 되겠습니까?"라고 묻습니다. 그러면 지체없이 "네!"라고 대답합니다. 그러면 저는 "여러분이 일하고 계신 회사가 신바람 나게 일할 만한 회사인지, 먹고 살기 위해 어쩔 수 없이 일하는 회사인지, 물론 전체는 아니겠습니다만, 많은 부분이 커뮤니케이션에 달려 있다는 데 동의하십니까?"라고 말합니다.

이것은 제가 기업에서 커뮤니케이션 교육을 시작하면서 사용하는 문장들입니다. '이 교육이 내게 도움이 되겠구나' 하는 느낌을 주기 위해서입니다. 바로 FM(For Me)을 이끌어 내는 데 상당히 효과적인 방법입니다.

이런 문장을 만들 수 있었던 것은 쓸 만한 자료를 관찰, 기록, 보관했던 덕분입니다. 무(無)에서 유(有)를 만드는 것은 하나님만 하실 수 있는 일입니다. 우리는 기존의 것을 새로운 시각으로 조금씩 바꿀 수 있을 뿐입니다. 그렇다면 이 장관의 글에서 '사회'를 '회사'로 바꾸어

FM의 느낌을 이끌어 낸 것을 설교 현장에서는 어떻게 활용할 수 있을지 생각해 보시기 바랍니다. 설교자는 '사회'를 '교회'로 바꾸면 되지 않을까요?

앞의 자료들은 하나씩 사용해도 될 만큼 많은 이야기를 담고 있습니다. 한큐법으로 사용할 수도 있다는 뜻입니다. 그러나 이를 모아 정보 요리의 두 번째 단계인 비교에 속하는 원근법으로 요리하면 더욱 깊은 맛이 납니다. 이런 일이 왜 벌어졌고, 여기서 우리는 무엇을 배워야 하는지 밝히기 위해서는 또 다른 요리법이 필요합니다.

원근법 사용 방법을 정리하면 다음과 같습니다.

> 1. 중요 사건의 전후를 살펴라.
> 2. 같은 유형 혹은 한 인물의 시대적 변화를 추적하라.
> 3. 변화의 원인을 파헤쳐라.
> 4. 통계자료(그래픽 뉴스)를 적극 활용하라.
> 5. 과거-현재를 확인했다면, 미래를 예상하라.
> 6. 속보(速報)와 함께 속보(續報)를 기다려라.

비교 단계-밝고 어두운 것을 비교하라(명암법)

원근법과 함께 정보 요리 두 번째 단계인 비교에 속하는 또 다른 요리법은 명암법입니다. 명암법은 대조적인 두 개 이상의 정보를 비교하는 방법입니다. 원근법이 시간을 중심으로 한 비교라면 명암법은 공간, 혹은 대조적인 현상이나 의미를 중심으로 한 비교 방법입니다. 『시경』에 나오는 "학"(鶴)이라는 시에 "다른 산의 못생긴 돌로 옥을 간다"(他山之石 可以攻玉)는 구절이 있습니다. 다른 사람의 실수나 잘못된 언행을 반면교사로 삼아 스스로를 삼간다는 뜻입니다. 못생긴 돌과 옥, 이 둘을 비교하는 것이 바로 명암법입니다. 몇가지 예를 들어 설명해 보겠습니다.

"중국사에 가장 큰 영향을 미친 역사 인물은 누구입니까?" 중국에서 이런 설문을 해보면 언제나 진시황과 마오쩌둥 두 사람이 1, 2위를 다툽니다. 마오쩌둥은 오늘날의 사회주의 중국을 만들었고, 진시황은 중국 자체를 만들었다고 할 수 있습니다.

진시황이 이룬 위대한 업적은 다름 아닌 끝없는 분열과 혼란의 춘추전국시대를 마감하고 중국사 최초의 통일 왕조 시대를 열었다는 데 있습니다. 뿐만 아니라 진시황은 최초로 전국적인 군현제를 실시했으며, 최초로 황제라는 칭호를 사용했습니다. 또 최초로 화폐를 통일했고, 최초로 도량형을 통일시켰으며, 최초로 문자를 통일하기도 했습니다.

많은 '최초'를 기록한 그를 '시황제'(始皇帝)라 부릅니다. 그는 이 위대한 제국이 영원하기를 바랐고, 또 영원하리라 믿었던 것 같습니다. 흉노족의 침입을 막기 위해 만리장성을 쌓은 것도 같은 이유에서였을 것입니다. 인류 역사상 가장 큰 토목 공사로 만들어진 만리장성은 유네스코 인류 문화유산으로 지정되어 있습니다. 그러나 그의 제국은 통일 이후 약 11년 만에 허망하게 무너지고 말았습니다.

로마는 새로운 영토를 정복할 때마다 도로를 닦아 연결했습니다. 지금도 그 도로의 일부가 사용될 만큼 훌륭한 도로망을 갖추었습니다. "모든 길은 로마로 통한다"는 말까지 나올 정도였습니다. 누구나 오갈 수 있는 도로망을 만드는 일은 대단히 위험해 보입니다. 적들의 침공을 용이하게 만들기 때문입니다. 실제로 많은 적들이 이 도로를 통해 로마를 공격했습니다. 그러나 로마가 1천 년 넘게 이어 올 수 있었던 것은 잘 정비된 도로를 통해 수많은 새로운 기술과 문물을 받아들였기 때문입니다. 『로마인 이야기』를 쓴 시오노 나나미는 서문에서 이렇게 말합니다.

> 지성에서는 헬라인보다 못하고 체력에서는 켈트인이나 게르만인보다 못하고 기술에서는 에르푸리아인보다 못하고 경제력에서는 카르타고인보다 뒤떨어지는 것이 로마인이라고 스스로도 인정하고 있었다. 그런데 왜 그들만이 마지막 승자로 남아 번영할 수 있었을까?[27]

이 자료와 연결되는 다른 예를 하나 더 들어 보도록 하겠습니다.

1890년 영국을 통치했던 유명한 수상, 글래드스톤과 글래드스톤의 막강한 라이벌이었던 보수당의 디즈레일리가 있었습니다. 이 두 사람은 선거 때마다 정권을 주고받을 만큼 호각지세(互角之勢)를 이루었습니다. 그런데 두 사람의 커뮤니케이션 스타일은 정반대였습니다. 두 사람을 모두 잘 알고 있던 영국의 한 공주가 이들에 대해 평한 말이 있습니다.

글래드스톤과 식사를 하고 나면 그가 영국에서 가장 뛰어난 사람이라는 생각이 들고, 디즈레일리와 식사를 하고 나면 내가 영국에서 가장 뛰어난 사람이라는 생각이 든다.

글래드스톤의 강점은 말을 잘하는 것이었습니다. 디즈레일리는 잘 들어 주는 것이었습니다. 누가 더 고수일까요? 당대에는 모르겠습니다만, 요즘 같으면 디즈레일리를 더 고수로 칠 것 같습니다. 말을 잘 못하는 설교자는 별로 없습니다. 그러나 성도들의 이야기에 귀를 기울이는 사람은 별로 없는 것 같습니다. 이 또한 개방과 폐쇄라는 개념으로 비교하며 연결시킬 수 있는 자료라 생각됩니다.

최인훈 선생의 『광장』이라는 소설이 있습니다. 이 소설은 해방 직후와 한국전쟁 전후를 배경으로 해 남과 북을 오가며 정의롭고 가치 있는 사회의 모습을 찾아나서는 주인공 이명준의 짧은 일대기를 그리고 있습니다. 이명준에게 비친 남한의 모습은 부패하고 썩어 권모술수가 판을 치는 어두운 밀실이었고, 진정한 광장이라 믿었던 북한의 실상 또한 겉보기에 허울 좋은 허상에 불과했습니다. 남과 북을 동시에 비판한 작품인 까닭에 반공을 국시로 했던 이승만 정권에서는 발표할 수 없었습니다. 1960년에 발행된 초간본 서문에 "이 작품을 가능하게 해준 4·19 영령들에게 감사한다"고 적은 것도 이런 까닭에서입니다.

광장은 북한을 의미합니다. 남한은 밀실의 세상입니다. 최인훈은 "광장은 군중의 밀실이며, 밀실은 개인의 광장"이라는 표현으로, 인간다운 삶을 위해서는 광장과 밀실이 함께 있어야 한다는 점을 강조합니다. 그러나 남과 북은 각각 하나씩만을 가지고 있습니다. 그는 광장과 밀실이 서로의 부족을 채워 주지 못하는 세상에서는 "광장에선 폭동의 피가 흐르고, 밀실에선 광란의 부르짖음이 새어 나온다"고 적었습니다. 이 대목을 읽으면서 저는 김일성 광장에서 줄지어 행진하는 북한군의 모습이 떠올랐습니다. 동시에 10·26 궁정동 안가의 총성이 들리는 듯했습니다.

대한민국은 밀실의 나라입니다. 밀실이 어디에 있는지 궁금해 하실지 모르겠습니다. 거리에 나가 둘러보십시오. '방' 자 붙은 것이 다 밀실입니다. 어르신들이 즐겨 찾던 다방에서부터 시작해 노래방, 찜질방, 비디오방, 빨래방 등 밀실이 넘쳐납니다. 그러나 광장은 없습니다. 서울 광장과 광화문 광장을 만들었습니다만, 자유롭게 의견을 발표하고 토론하는 장소로는 부족합니다. 밀실은 '사생활'의 공간이며, 광장은 '공공'의 장입니다. 밀실은 '끼리끼리'의 장이며, 광장은 '모두 함께 하는' 자리입니다. 대한민국에서는 공공이라는 것이 사익(私益) 앞에서 힘을 못 씁니다. 공교육이 사교육에 의해 이토록 철저히 망가진 나라는 대한민국 빼고는 전 세계에 없습니다.

이토록 서러운 우리 국민들이 단 한 번 광장의 기쁨을 만끽한 일이 있었습니다. 그리 길지도 않습니다. 단 한 달이었습니다. 그러나 그 기억은 아직도 생생합니다. 2002년 6월, 월드컵 4강 신화의 기적 같은 한 달이었습니다. 온 나라가 다 광장이었습니다. 월드컵 4강이라는 예상 밖의 성적보다 세계를 더 놀라게 했던 것은 바로 길거리 응원이었습니다. 빈부귀천의 차별이 없었습니다. 희로애락을 모두 함께했습니다. 이것이 광장입니다.

우리 가정에, 회사에, 그리고 교회에 광장이 있습니까? 예전에 저녁상을 물리고 사과 한 접시를 놓고 함께했던 그곳이 바로 광장입니다. 그러나 이제는 모두들 자기 방에 틀어박혀 나오지를 않습니다. 식탁을 함께하기도 어렵게 되었습니다. 식구(食口)가 아닙니다. 화합(和合)의 '화(和)' 자도 '벼 화'(禾)에 '입 구'(口)를 씁니다. 함께 나누어서 밥을 먹는 것이 화합이라는 뜻인 것입니다. 예수님도 제자들과 식탁을 같이하며 가르침을 주셨습니다. 광장이었습니다.

광장과 밀실이라는 두 대조적인 개념으로 남과 북을 조명하고 우리의 과제를 확인하는 전형적인 명암법입니다. 이왕 책 이야기가 나왔으니 좋은 책 한 권을 더 소개하겠습니다.

독일의 철학자 마르틴 부버의 『나와 너』라는 책입니다. 그는 사람은 누구나 다른 사람을 볼 때 두 가지 관계 가운데 하나를 선택한다고 말합니다. '나와 너'의 관계를 맺으면 인간적인 대화가 가능합니다. 그러나 '나와 그것'은 비인간적인 관계로 이끈다는 것입니다. 결국 상대를 '사람으로 여기느냐, 혹은 물건 취급하느냐'가 관건이라는 이야기입니다. "사람으로 여기니까 상대하지 사물이라면 무슨 이야기를 나누겠냐?" 하고 반문할지 모르겠습니다. 물론 물건에게 말을 거는 사람은 일반적인 사람이라고 할 수 없습니다. 이는 상대를 본인의 명령에 따라 움직이는 팔과 다리뿐만 아니라 나름의 생각을 가진 머리도 있고, 가슴에 품은 뜻과 감정도 있음을 의식하고 인정하며 대화하고 있는지를 묻고 있는 것입니다.

최근 '땅콩 회항' 사건으로 물의로 빚은 조현아 전 대한항공 부사장에게 법원이 "돈과 지위로 인간을, 인간의 존엄과 가치를, 인간의 자존감을 무릎 꿇린 사건"이라고 규정하며 징역 1년의 실형을 선고한 일이 있습니다.

재판부는 조현아 전 부사장에게 인간에 대한 최소한의 예의와 배려심이 있었다면, 직원을 노예쯤으로 여기지만 않았다면, 승객을 비롯한 타인에 대한 공공 의식만 있었다면 결코 발생하지 않았을 사건으로 보았다는 뜻입니다. 내가 명령하면 무조건 따르라고 강요하는 것은 결국 상대를 사람으로 여기지 않았다는 이야기입니다.

사람과 사물은 다릅니다. 크게 두 가지만 지적하면 이렇습니다. 첫 번째로, 사물은 분해했다 다시 조립하면 원형이 됩니다. 영어로 표현하면 'the whole is sum of its parts'(전체는 부분의 합)라고 씁니다. 이

원칙이 사람에게도 적용됩니까? 여기서 문제를 하나 내겠습니다.

개미를 셋으로 나누면 (　) (　) (　)!

초등학생들의 답은 '머리, 가슴, 배', 우리의 답은 '죽는다'입니다. 생명체는 나눌 수 있는 것이 아닙니다. 통째로 받아들여야 합니다. 주님은 우리의 쓸 만한 부분만을 가려 부르시지 않았습니다. 별로 쓸 만한 구석이 없는데도 불구하고 우리 전체를, 온 인격을 아들로, 딸로 부르시고 받아들이셨습니다.

두 번째로, 사물은 부품 하나하나가 고급이면 전체가 고급이 됩니다. 고급 차의 경우를 예로 들 수 있습니다. 이 원칙이 인간 세상에서도 통용될까요? 회장님으로부터 신입 사원에 이르기까지 한 사람 한 사람 모두 똑똑한 회사는 정말 똑똑한 회사가 될까요? 이건 모르는 일입니다. 서로 잘났다고 싸우기 시작하면 엉망이 되고 맙니다. 부족한 사람들이 모였다 해도 서로를 밀어 주고 끌어 준다면 멋진 회사를 만들 수 있습니다. 잘못하면 'much less than sum of its parts'(부분의 합보다 못한 전체)가 되고 말지만 잘하면 'much more than its parts'(부분보다 더한 전체)가 될 수 있습니다. 하나님은 사람을 이렇게 신비롭게 만드셨습니다.

이것과 연관된 책 한 권을 더 소개하겠습니다. 에리히 프롬의 『소유냐 존재냐』라는 책입니다. 우리가 이 세상을 살아가는 삶의 방식을 에

리히 프롬은 크게 두 가지로 나눕니다. 하나는 소유적 방식이고, 다른 하나는 존재적 방식입니다. 소유적 방식은 말 그대로 삶을 살아갈 때 소유하는 것(돈, 재물, 명예, 권력 등)에 주된 가치를 둡니다. 과거에 가졌던 것을 현재에 비교하고, 미래를 위해 소유를 늘려 가면서 삶의 만족과 행복을 얻으려는 삶의 방식입니다. 지금 가진 것보다 많이 가지려고 애쓰고, 막상 그토록 원하는 것을 소유한다 할지라도 더 많은 것을 소유하기를 원하고, 또 다른 무언가를 소유하기 위해 부단히 애를 씁니다.

반면에 존재적 방식은 말 그대로 현재에 살아 숨 쉬고 느낄 수 있다는 사실 자체에 주된 가치를 둡니다. 따라서 과거에 그리 집착하지 않고, 다가올 미래에 대해 크게 걱정하지 않습니다. 오히려 현재의 삶에 충실해 삶의 만족과 행복을 얻으려는 삶의 방식입니다. 삶의 가치를 존재 그 자체에 둘 때 소유욕이 줄어들게 됩니다. 소유욕이 줄어들면 그만큼 상실감이나 불안감, 또는 불만족의 크기가 줄어듭니다. 소유가 많으면 잃을 것이 많다는 뜻이기 때문입니다.

우리 사회는 확실히 존재보다는 소유에 더 큰 가치를 두고 있는 것 같습니다. 소유에 대한 도를 넘는 집착은 그 대상을 사물에 국한시키지 않고 사람에게까지 확대하고 있습니다. 직원을 자신의 소유로 여기는 상사는 부하 직원들을 함부로 대합니다. 자녀를 소유로 생각하는 부모는 자기 뜻대로 끌고 가려 합니다.

솔로몬의 재판 이야기를 기억해 보시기 바랍니다. 한 아이를 두고 두 여인이 서로 자기 아이라고 싸울 때 솔로몬 왕은 둘로 나눠 공평하게 두 여인에게 주라고 판결했습니다. 그때 가짜 어미의 선택은 '소유'였습니다. 반이라도 갖겠다는 이야기입니다. 그러나 진짜 엄마는 '존재'를 선택했습니다. 아이를 빼앗길지언정 죽일 수는 없다는 것입니다.

사람은 소유의 대상이 아닙니다. 그 존재 자체가 기쁨이어야 합니다. 하나님이 인간을 창조하시고 심히 좋아하셨다고 성경에 기록되어 있지 않습니까? 사람을 소유물로 여기는 자들은 다 가짜들입니다.

노자는 『도덕경』에서 "천지자연은 만물을 만드는 데 어떤 노고도 사양하지 아니하며, 만물을 생육하게 하고도 소유하지 않는다"(萬物作焉而不辭 生而不有)라고 했습니다. 자식은 부모의 몸을 통해 이 땅에 태어났습니다. 그러나 결코 부모의 소유는 아닙니다. "너는 내 것이라!" 하고 당당히 소유를 주장할 수 있는 분은 오직 한 분뿐이십니다.

명암법으로 시작한 이야기를 끊기가 어려워 계속하다 보니 여기까지 왔습니다. 이 정도면 단순의 경지, 즉 발효법까지 갔다 말할 수 있습니다.

명암법은 이쯤에서 마무리하겠습니다. 상상력을 자극하기 위해 되도록 다양한 사례를 살펴보려 노력했습니다. 단순히 원근법이나 명암법의 비교 단계에서 그치지 않고 분석 혹은 처방 단계의 발효법까지 나아간 이유 역시 생각의 흐름을 막고 싶지 않았던 탓이라 이해해 주기 바랍니다.

명암법의 사용 방법을 요약, 정리하면 다음과 같습니다.

1. 명암이 극명할수록 효과적이다.
2. 결과를 제외한 다른 여건은 비슷한 경우일수록 더 효과적이다.
3. 대조적인 현상의 근본 원인을 생각하라.
4. 원근법과 합작을 유념하라.
5. 여러 유형간의 병렬도 고려하라.
6. 흑백논리의 위험성을 경고하라.

분석 단계-물을 마실 때 샘을 생각하라(해부법)

관찰과 비교를 거쳐 이제 분석 단계에 이르렀습니다. 관찰 단계에서 되도록 많은 소재를 모았다면, 비교 단계에서는 원근법과 명암법을 통해 차이를 확인했습니다. 이제 그 원인을 찾아 들어가는 분석입니다. 양질의 법칙으로 말하자면, 이제 양을 확보하는 일은 끝났습니다. 질을 추구해 단순한 경지로 나아가는 첫걸음이 바로 해부법이라 생각하면 됩니다.

해부법은 문자 그대로 속을 파헤쳐 그 안을 들여다보는 작업입니다. 겉으로는 도저히 알 수 없는 비밀을 엿보게 될 것입니다. 아무런 상관없이 동떨어져 있던 것들이 사실은 연결된 하나라는 놀라운 사실을 알게 되는 것은 해부법을 사용할 때 가능한 일입니다.

"물을 마실 때 샘을 생각하라"(飮水思源)라는 말의 의미를 생각해 보시기 바랍니다. 해부법의 특성을 잘 보여 주는 사례부터 살펴보도록 하겠습니다.

세상에는 겉과 속이 다른 것이 많습니다. 많은 사람들이 보암직한 겉모습에 현혹되곤 합니다. 그 속내를 들여다보기 위해서는 해부법이 필요합니다. 2004년 12월 26일, 인도네시아에 쓰나미라는 대재앙이 발생했습니다.

수마트라 섬 앞바다에서 발생한 리히터 규모 9.3의 강진에 이어 일어난 쓰나미로 아체 주에서만 17만여 명이 숨지는 등 인도네시아, 인도, 스리랑카, 태국, 소말리아 등 인도양 연안 14개 국가에서 23만여 명이 사망한 엄청난 재앙이었습니다.

그다음 주 영국의 대표적인 주간지 「더 선(The Sun)」지의 헤드라인은 "Angel of the Beach", 즉 "해변의 천사"였습니다. 부제를 보면 틸리라는 10살짜리 여자아이 이야기입니다. 틸리는 학교에서 쓰나미에 관해 배웠습니다. 그로부터 2주 후 크리스마스 휴가 때 태국의 푸켓에 있었는데 쓰나미가 일었습니다. 지난번 일본을 휩쓸었던 쓰나미는 진앙지가 육지와 가까웠던 까닭에 피할 시간이 없어 많은 희생자를 낳았지만, 푸켓의 경우는 달랐습니다. 인도네시아에서 시작된 쓰나미가 바다를 건너 태국에 이르기까지는 상당한 시간이 걸렸기 때문입니다.

먼저 푸켓 해변에 당도한 것은 살인적인 파도가 아니라 펄떡이는 생선들이었습니다. 싱싱한 생선들이 백사장으로 마구 뛰어든 것입니다. 엄청난 파도에 가벼운 물고기가 먼저 밀려온 것입니다. 사람들이 보기에는 물고기들이 자살을 하고 있는 것이 아니겠습니까? 모두들 고기를 주우러 해변으로 몰려나왔습니다. 이때 틸리가 학교에서 배웠던 것을 기억해 냈습니다. 그리고 대피해야 한다고 소리를 질렀습니다. 100여 명이 대피하자마자 4미터에 이르는 살인적인 파도가 푸켓 해변을 강타했습니다. 이 호텔 앞 해변에만 사상자가 없었다고 합니다. 그래서 틸리가 '해변의 천사'라 불리게 된 것입니다.

생각해 보십시오. 물고기가 아무 이유 없이 해변으로 튀어나올 리가 없습니다. 겉만 봤다가 큰일 당하기 십상입니다. 에덴동산에서 있었던 인류 최초의 범죄 또한 마찬가지라고 할 수 있습니다. 먹음직도 하고, 보암직도 하고, 탐스럽기도 한 것에 눈길을 돌리는 것은 지금도 마찬가지입니다. 이를 깨우치고 바른 길로 인도하는 말씀을 전파하는 것이 바로 설교자의 사명이라는 데 동의한다면 우리는 마땅히 분석단계에 공을 들여야 합니다.

'까치밥'에 대한 재미있는 칼럼을 소개하겠습니다.

흔히 까치가 쪼아 먹어서 상처 난 감이 맛있다고 하잖아요. 마치 까치가 '잘 익어서 달게 된 감'을 잘 알기 때문에, 그런 감을 골라서 쪼아 먹은 것처럼 말들 하는데, 까치가 어찌 알겠어요? 열매가 다치고 나면 맛있어지는 거죠. 나무가 상처 난 열매가 안쓰러워서 살려 보려고 영양분을 과다 공급하는 거랍니다. 열매 생각하는 건 나무밖에 없다니까요.[28]

그동안 상식이라 생각했던 일이 사실은 아니었던 모양입니다. 알고 나니 많은 생각들이 떠오릅니다. 정보가 그래서 귀한 것입니다. 이 자료를 어떻게 설교에 활용할지 생각해 보시기 바랍니다. 그럼 또 다른 자료를 가지고 정보를 요리해 보도록 하겠습니다.

한번 쯤 '삼립 크림빵'을 보거나 먹어본 일이 있을 것입니다. 삼립 크림빵은 1964년, 그리고 2003년에 출시되었습니다. 이것은 39년이라는 시간을 두고 먼 것과 가까운 것을 비교하는 원근법으로 볼 수 있습니다. 저는 이 자료들을 '정보사회는 어디서 와서 어디로 가고 있는지', 그 시작과 진행 방향을 설명하기 위해 원근법으로 요리했습니다. 강의하는 식으로 적어 보겠습니다.

1964년에 나온 크림빵, 기억나십니까? 엄청나게 많이 팔렸습니다. 이 크림빵이 똑같은 맛으로 2003년에 다시 나왔습니다. 그런데 도무지 팔리지가 않습니다. 왜일까요? 그렇습니다. 입맛들이 변했습니다. 이제는 더 맛있는 먹거리들이 많습니다.
이 이야기를 시작한 것은 정보사회라는 것이 도대체 어떻게 시작되었는지를 알아보기 위해서입니다. 정보사회는 어떻게 시작되었나요? 많은 사람들이 컴퓨터의 발명이 정보사회를 가져왔다고 말합니다. 전혀 엉뚱한 답은 아닙니다만, 정답은 아닙니다. 정보사회는 공급이 수요를 초과하면서부터 시작되었습니다. 산업시대 기계화를 통해 상품 생산이 늘어나면서 공급이 수요를 초과하자 예전에 없던 현상이 벌어지기 시작합니다. 소비자가 골라먹기 시작한 것입니다. 물자가 귀하던 시절에는 공급자가 주도권을 쥐고 있었습니다. 이제 전세가 역전된 셈인 것입니다. 먹거리만이 아닙니다. 의류도 재고가 문제고, 예전에 몇 년씩 기다려야 했던 아파트도 미분양이 문제입니다.

그러니 공급자는 골치가 아파지기 시작했습니다. 대충 해서는 팔아먹을 수가 없게 되었으니 말입니다. 이제 시장을 면밀히 관찰하고, 분석하고, 예측한 정보를 바탕으로 하지 않고서는 사업하기 어려운 지경에 이르렀습니다. 이런 현상은 의식주만이 아닙니다. 사회 거의 모든 부문에서 일어나는 일입니다.

여러 해 전입니다만, 제 아들 녀석이 대학에 입학했습니다. 몇 달 뒤에 미팅을 몇 번이나 해봤느냐고 물었더니, "미팅이요?" 하며 반문하는 것이었습니다. 요즘 대학생들은 미팅을 안 한답니다. 그 대신 뭐 하는 줄 아십니까? 온라인에서는 채팅을 합니다. 오프라인에서는 소개팅을 한다고 합니다. 예전에는 대학에 가서야 남녀가 만날 수 있었습니다만, 요즘이야 남녀 교제의 기회도 충분해 졌다는 이야기입니다. 그러니 제비 뽑아 마음에 맞지도 않는 사람과 시간을 보낼 이유가 없다는 것입니다. 그러니 만나기 전에 마음에 맞는 사람을 골라 일대일로 만나게 되었습니다.

예전에 저와 여러분이 했던 미팅은 'mass', 즉 대량 방식입니다. 요즘 소개팅은 'personal', 즉 개인적인 방식입니다. 공급이 수요를 초과하면서 시작된 정보사회는 'mass'에서 'personal'로 움직입니다.

여기까지 나아가면 해부법이라 할 수 있습니다. 자료 하나를 가지고 참 많은 이야기를 하고 있습니다. 여기서 잊지 말아야 할 점은 자료는 자료일 뿐 주제를 대신할 수 없다는 사실입니다. 먼저 하고 싶은 이야기가 있어야 합니다. 그런 이론적 준비가 되어 있는 사람에게만 자료가 보입니다.

해부법을 제대로 활용하려면 신문, 방송만으로는 안 됩니다. 책을 읽어야 합니다. 이런 과정을 통해 마지막에는 "공급이 수요를 초과하면서 시작된 정보사회는 'mass'에서 'personal'로 움직인다"는 단순한 명제를 끌어내게 되는 것입니다. 이 정도에 이르러야 창의적이라 이야기할 수 있습니다.

여기에 "문지기는 그를 위하여 문을 열고 양은 그의 음성을 듣나니 그가 자기 양의 이름을 각각 불러 인도하여 내느니라"(요 10:3)와 같은 성경 구절을 보태면 멋진 메시지가 될 수 있을 것입니다. 주께서 우리를 부르실 때 무더기로 부르신 것이 아니라 한 사람 한 사람을 따로따로 부르셨으니 얼마나 큰 은혜입니까?

해부법을 알아보기 위해 또 하나의 예를 보겠습니다. 미국의 유명 방송인 오프라 윈프리는 20년 넘게 낮 시간대 TV 토크쇼 시청률 1위를 고수해 온 〈오프라 윈프리 쇼〉의 진행자입니다. 그녀는 1954년 1월 29일 미시시피 주에서 사생아로 태어나 9세 때 사촌에게 성폭행을 당하고 마약에 빠지는 등 불우한 어린 시절을 보냈습니다. 그러나 1986년부터 2011년 5월까지 미국 CBS-TV에서 〈오프라 윈프리 쇼〉

를 25년간 5천 회 진행하면서 미국 내 시청자만 2,200만 명에 달하고 세계 140개국에서 방영된 '토크쇼의 여왕'이 되었습니다. 이후 잡지, 케이블 TV, 인터넷까지 거느린 '하포(Harpo)주식회사'를 창립해 회장이 되었습니다.

흑인 최초의 「보그」지 패션모델이 되기도 했으며, 1991년 달리기를 통해 107kg이던 몸무게를 2년 만에 68kg으로 줄여서 화제가 되기도 했습니다. 그녀의 성공 스토리는 "인생의 성공 여부가 온전히 개인에게 달려 있다"는 '오프라이즘'(Oprahism)을 낳기도 했습니다.

윈프리는 2003년 초 실시된 해리스 여론 조사에서 1998년과 2000년에 이어 '미국인들이 가장 좋아하는 TV 방송인'으로 꼽혔으며, 흑인 여성으로서는 처음으로 경제 전문지 「포브스」로부터 재산 10억 달러 이상의 부자 중 한 사람으로 지목되었습니다.

2012년 1월부터는 OWN에서 〈오프라 넥스트 챕터〉라는 새로운 토크쇼의 진행자로 나서기도 했습니다. 이뿐만이 아닙니다. 2005년 국제 에미상 방송인상과 2012년 아카데미 시상식 평생공로상을 수상했고, 2008년 버락 오바마 미국 대통령의 대선 캠프에 참가해 선거 운동을 펼친 바 있습니다.

오프라 윈프리의 과거와 현재의 모습을 비교하여 극적인 변화를 확인하는 것은 전형적인 원근법입니다. 문자 그대로 개천에서 용이 난 셈입니다. 이 엄청난 출세의 비결이 무엇인가를 알아내기 위해서는 해부법이 필요합니다. 그녀가 했던 말 중에 힌트가 될 만한 구절이 있습니다.

나는 나 자신을 빈민촌에 아무것도 갖지 못한 가난한 소녀라 생각한 일이 없다. 나는 나 자신을 어린 시절부터 내 삶은 내 책임이고 언젠가는 멋진 일을 해내고 말 것을 분명히 알고 있었던 인물로 알았다(I don't think of myself as a poor deprived ghetto girl. I think myself as somebody who from an early age knew I was responsible for myself, and had to make good).

오프라 윈프리의 성공 비결은 바로 이것이었습니다. 자신을 'somebody'로 여겼던 것입니다. 이는 '누구나'라는 뜻의 단어 'anybody'와 반대되는 의미입니다. 그래서 저는 여기서 '인물'로 번역했습니다. 다른 사람의 평가와 상관없이 자신을 귀한 존재로 여겼을 뿐만 아니라 다른 사람이 자신을 무시하는 말을 들을 때마다 "So What!"(그래서 어쨌는데) 하며 당당하게 반박했다고 합니다.

이 구절에서 또 하나 제 가슴을 치는 단어가 있습니다. 그것은 바로 'responsible'입니다. '내 삶은 내 책임이다.' 이 정도 환경에서 태어났다면 보통은 내가 지금 이렇게 살고 있는 것은 모두 조상 탓이라고 생각하지 않겠습니까? "그것은 어머니 아버지 때의 일이고, 내 삶은 내 책임이야" 하는 당당함에서 저는 자꾸 애굽으로 팔려간 요셉이 생각납니다.

이 이야기를 다시 한 번 요리해 봅시다. 이번에는 명암법을 쓰고 싶습니다. 정반대 경우를 찾는 것입니다. 좋은 환경에도 불구하고 자신의 값어치를 우습게 여겨 실패한 사람이 있는지 생각해 보시기 바랍니다. 저는 마이클 잭슨이 생각났습니다.

그는 놀라운 재주를 갖고 태어났습니다. 그는 다섯 살 때부터 형들과 '잭슨 파이브'라는 그룹으로 활동하며 메인 보컬을 맡았습니다. 그 뒤부터 세운 놀라운 기록들은 너무 많아 자세히 적기 어려울 정도입니다. 수많은 기록 중에서 단연 눈에 띄는 부분은 첫 번째 부인이 리사 프레슬리였다는 사실입니다. 그녀는 엘비스의 딸입니다. 왜 마이클 잭슨이 엘비스의 딸과 결혼했을까요? 엘비스가 백인들의 영웅이었기 때문입니다. 결국 마이클 잭슨은 자신이 흑인이라는 사실을 부끄러워했습니다. 그리고 자신의 아버지를 미워했습니다. 아버지의 얼굴과 비슷한 자기 자신도 미워했습니다. 그래서 성형에 성형을 거듭했습니다. 눈, 코, 입만 고친 것이 아니라 피부색까지도 바꿨습니다. 나중에는 웬만한 백인보다 더 희었다고 합니다. 결국 그는 젊은 나이에 비참하게 생을 마감하고 말았습니다.

오프라 윈프리와 마이클 잭슨, 두 사람의 운명을 가른 것은 결국 '자기 자신을 어떻게 생각하느냐', 바로 그것이었습니다. 여기까지 이야기하면 해부법입니다. 여기에서 좀 더 진전시켜 보도록 하겠습니다. 미국의 유명한 투자자 워렌 버핏이 빌 게이츠와 함께 젊은이들 앞에서 강연하는 내용의 동영상이 있습니다. 그 내용의 일부를 적어 보면 다음과 같습니다.

> 사람에게는 내면의 채점표와 외적인 채점표가 있습니다. 어떤 사람들은 굉장히 많은 고민을 하면서도 자기 자신의 생각보다는 다른 사람이 어떻게 생각할지에 더 신경을 쓰기도 합니다. 자기 자신의 채점표가 마음에 든다면 인생이 굉장히 즐거워질 것입니다. 외적인 채점표에 너무 매달리는 사람들은 모든 것이 끝나고 난 뒤에 공허함을 느끼기 쉬울 것입니다.

짧지만 깊은 지혜가 담겨 있는 말입니다. 듣는 순간 앞에서 살펴본 두 사람, 오프라 윈프리와 마이클 잭슨의 운명이 어떤 이유로 그리 달라졌는지 이해가 되는 것만 같습니다. 해부법까지 나아가야 이해가 가능한 일입니다.

저는 강의할 때 '내면의 채점표'를 표현하기 위해 왕창 구겨진 100만 원짜리 수표를 보여 줍니다. 그러고는 "왕창 구겨진 100만 원짜리 수표는 100만 원입니까, 아닙니까?" 하고 묻습니다. 모두들 "100만 원이 맞다"고 답합니다. 자신감이란 이런 것입니다. 다른 사람이 나를 우습게 볼지라도 "나는 나다!" 하는 것이 자신감입니다. '다른 사람보다 더 잘할 수 있다'는 것은 우월감이지 자신감이 아닙니다. 그리고 우월감은 열등감과 정비례합니다.

자신감은 스스로에게 매기는 점수입니다. 우리나라 행복지수가 대단히 낮은 이유는 경제적인 어려움 때문이 아닙니다. 스스로 매기는 점수가 낮은 탓입니다. 외적인 채점표는 성공의 지표입니다. 내면의 채점표는 행복을 가리킵니다. 우리는 성공을 위해 정신없이 뛰어왔습니다. 너무 빨리 뛰다 보니 무엇을 위한 성공인지를 잊어버렸습니다. 그리스도인은 이 점에서 예외가 되어야 합니다. 왜냐하면 성경은 "너희는 택하신 족속이요 왕 같은 제사장들이요 거룩한 나라요 그의 소유가 된 백성이니"(벧전 2:9)라는 놀라운 점수를 주기 때문입니다. 성도들이 이 땅에서 자신 있게 살아 이 땅에서도 행복해야 할 근거가 바로 여기에 있다고 생각합니다.

다시 워렌 버핏 이야기로 돌아가 보겠습니다. 결국 워렌 버핏은 내면의 채점표가 중요하고 외적인 채점표는 중요하지 않다는 말을 한 것입니까? 그렇지 않습니다. 둘 중 하나를 골라야 하는, 즉 택일의 문제가 아닙니다. 다만 우선순위가 문제인 것입니다. 이 우선순위를 보통 '가치관'이라 부릅니다. 워렌 버핏은 미국의 젊은이들이 너무 외적인 채점표에 치우쳐 있다는 점을 염려하고 있었던 것입니다. 우선순위가 잘못되었다는 뜻입니다. 이를 '가치관의 전도(顚倒)'라고 합니다. 선후가 뒤집혔다는 뜻입니다.

해부법으로 여러 가지 자료들의 의미를 파헤치다 보면 결국 한두 가지 원인으로 귀결된다는 느낌이 들게 될 것입니다. 겉보기엔 상반되게 보이는 일들도 속을 들여다보면 공통된 한두 가지 원인으로 설명이 가능하다는 이야기입니다. 이를 '일맥상통'(一脈相通)이라 표현합니다.

오프라 윈프리로부터 시작한 이야기가 꽤 길어졌습니다. 그러나 꼬리에 꼬리를 무는 생각이 멈추지를 않습니다. 지금까지 나눈 이야기를 보다 단순하게 정리해 잊히지 않도록 하는 방법은 없을까 궁리해야 합니다. 결국 발효법으로 나아간다는 뜻입니다.

미국의 유명한 신학자였던 라인홀드 니버에게는 평생 세 가지 기도 제목이 있었다고 합니다.

내가 바꿀 수 없는 것을 받아들일 평안을, 내가 바꿀 수 있는 것을 바꿀 용기를, 이 두 가지를 구별할 수 있는 지혜를 내게 주옵소서!

우리 인생에서 바꿀 수 없는 것은 무엇일까요? 부모, 형제와 같은 혈연(血緣)이 첫째요, 주민등록은 옮겨 갈 수 있어도 고향은 바꿀 수 없으니 지연(地緣)이 그 둘째요, 직장은 옮겨 다닐 수 있어도 출신 학교는 바꿀 수 없으니 학연(學緣)이 셋째입니다.

그런데 혈연, 지연, 그리고 학연 이 세 가지에는 공통점이 있습니다. 모두 과거에 속한 일이라는 것입니다. 흘러가 버린 과거는 바꿀 수 없습니다. 지난날을 돌아보면 자랑스럽거나 혹은 안타까울 수 있습니다. 아쉬운 순간들도 생각날 것입니다. 그러나 바꿀 수 없습니다. 그냥 받아들여야 합니다. 받아들이지 못하면 평안이 없습니다. 생텍쥐페리의 『어린 왕자』가 생각납니다. 바꿀 수 없는 것이 어제의 일이라면 바꿀 수 있는 것은 내일에 속하는 일입니다. 그리고 그 두 가지를 구별함은 오늘의 일입니다. 따라서 우리가 구해야 할 것은 오늘 이 땅에서 믿는 사람답게 살아갈 수 있는 지혜입니다. 이것이 바로 오늘 대한민국을 설교해야 할 이유입니다.

예측, 처방 단계 – 촌철살인으로 변화시켜라 (발효법)

관찰과 비교, 그리고 분석을 거쳐 이제 예측, 처방 단계에 이르렀습니다. 요리법의 이름은 발효법입니다. 톡 쏘는 맛을 내야 한다는 뜻입니다. '촌철살인'(寸鐵殺人)이라는 말이 있습니다. '촌철'이란 손가락 한 개 폭 정도의 무기를 뜻합니다.

남송(南宋)에 나대경이라는 학자가 있었다고 합니다. 그가 손님들과 나눈 이야기를 기록한 것이 『학림옥로』(鶴林玉露)입니다. 그곳에는 종고 선사가 선(禪)에 대해 말한 대목에 '촌철살인'이 나옵니다.

> 어떤 사람이 무기를 한 수레 가득 싣고 왔다고 해서 살인을 할 수 있는 것이 아니다. 나는 오히려 한 치도 안 되는 칼만 있어도 사람을 죽일 수 있다(我卽只有寸鐵 便可殺人).

이는 선의 본바탕을 파악한 말로, 정신을 집중해 수양한 결과 말 한 마디로 사람을 변화시키고 감동시킬 수 있는 단계를 의미합니다. 그야말로 단순함의 극치요, 양질의 법칙의 결정판이라 할 수 있습니다.

한큐법에서부터 발효법까지 다섯 가지 요리법을 소개하면서 그 명칭들은 제가 임의로 정한 것이라고 했습니다. 그러나 나름대로 근거와 체계를 가지고 붙인 이름입니다.

동굴 벽화와 같은 원시시대 그림의 특징은 대부분 옆모습을 그렸다는 것입니다. 고대 이집트의 벽화에서도 앞모습을 그린 것은 찾아보기 어렵습니다. 아직 2차원의 평면을 실감나게 표현할 수 있는 회화 기법을 갖지 못한 탓입니다. 정면을 그리자면 얼굴을 호빵처럼 그리는 어린아이들 그림과 크게 다르지 않았을 것입니다. 차라리 선으로 옆모습을 그려 색을 칠하는 것이 약점을 보완하는 방법이었을 것입니다. 선 하나에 의지했던 1차원의 시대였던 셈입니다. 이후 원근법과 명암법이 개발되면서 드디어 그럴듯한 평면 그림을 그리게 됩니다. 이는 단순한 발전이 아닙니다. 그야말로 차원이 달라진 것입니다. 한큐법과 원근법, 그리고 명암법의 이름은 이렇게 붙여진 것입니다.

해부법은 눈에 보이지 않는 속을 들여다보는 요리법입니다. 레오나르도 다빈치는 인체에 관한 많은 해부도를 그렸습니다. 특별히 뼈의 생김새를 많이 그렸습니다. 이런 바탕 위에서 멋진 조각품들이 탄생했습니다. 한큐법이 1차원의 선에 의지했다면, 원근법과 명암법은 2차원의 평면을 그린 것입니다. 여기에 해부법은 3차원의 입체를 그림으로써 실감을 더했습니다.

"들어가며"에서 "능히 모든 성도와 함께 지식에 넘치는 그리스도의 사랑을 알고 그 너비와 길이와 높이와 깊이가 어떠함을 깨달아 하나님의 모든 충만하신 것으로 너희에게 충만하게 하시기를 구하노라"(엡 3:18-19)라는 성경 구절을 언급했습니다. 만약 해부법까지 동원하게 되면 그리스도의 사랑을 아는 데 부족함이 없을 것입니다. 그러나 설교의 목표는 아는 데서 그치지 않습니다. 행동으로 이어지지 못하면 여전히 죽은 믿음입니다(약 2:17).

이제 살펴볼 발효법은 골수까지 파고든 메시지에 놀랄 만한 힘을 실어 살아 있는 믿음으로 탈바꿈시켜 주는 요리법입니다. 복음의 위력을 가슴속 깊은 곳에서 마음껏 용솟음치도록 돕는 요리법입니다. 실감(實感)이 영감(靈感)으로 승화되는 차원이 다른 도약이라 할 수 있습니다. 발효법을 그림에 비유하면 무엇이라 할 수 있을까요? 마음을 격동(激動)시켜 행동(行動)을 끌어내니 '동영상'(動映像)이라 하면 어떨까요? 성도와 세상을 변화시키는 말씀은 이런 과정을 통해 만들어집니다.

성경에 기록된 예수님의 말씀들은 그리 길지 않습니다. 그러나 오래도록 잊히지 않습니다. 마음의 중심을 꿰뚫고 하신 말씀이기 때문입니다. 예수님을 올무에 걸리게 하려는 바리새인들은 "가이사에게 세금을 바치는 것이 옳으니이까 옳지 아니하니이까"(마 22:17) 하고 물었습니다. 그러자 예수님은 "가이사의 것은 가이사에게, 하나님의 것은 하나님께 바치라"(마 22:21)라고 답하셨습니다. 그야말로 촌철살인이었습니다. 광야에서 사탄에게 시험당하실 때 하신 말씀 또한 길지 않았습니다.

"사람이 떡으로만 살 것이 아니요 하나님의 입으로부터 나오는 모든 말씀으로 살 것이라"(마 4:4).

"주 너의 하나님을 시험하지 말라"(마 4:7).

"주 너의 하나님께 경배하고 다만 그를 섬기라"(마 4:10).

질문의 의도를 정확히 알고 이를 한마디로 부숴 버리신 통쾌한 말씀입니다. 예수님이야말로 발효법의 대가 중의 대가셨습니다. 앞의 예에서 보았듯이 발효법은 특별히 적의(敵意)를 가진 상대나 고정관념에 사로잡힌 상대를 대할 때 매우 효과적입니다.

서기관들과 바리새인들은 간음하다가 현장에서 잡힌 여인을 끌고 와 "선생님, 이 여인이 간음하다가 현장에서 붙잡혔습니다. 모세는 율법에서 이런 여자는 돌로 쳐 죽이라고 명령했습니다. 선생님은 뭐라고 말씀하시겠습니까?" 하고 물었습니다. 그들이 고소할 구실을 얻기 위해 시험하는 것인 줄 예수님이 모르셨을 리가 없습니다. 예수님은 대답하지 않으시고 몸을 굽혀 손가락으로 땅에 글만 쓰셨습니다. 사람들이 그 자리에 서서 계속해서 물으며 대답을 재촉했습니다. '이번에는 제대로 걸려들었다' 하며 속으로 쾌재를 불렀을 것입니다. 그제야 예수님이 몸을 일으켜 그들에게 말씀하셨습니다.

"너희 중에 죄 없는 자가 먼저 돌로 치라"(요 8:7).

그러고는 다시 몸을 굽혀 땅에 글을 쓰셨습니다. 기세등등했던 사람들은 그 말씀을 듣자 나이 많은 사람들로부터 시작해 하나둘씩 떠나가고 예수님과 홀로 서 있는 여인만 남았습니다. 예수님은 몸을 일으켜 그 여인에게 말씀하셨습니다.

"여자여, 너를 고소하던 사람들이 어디 있느냐? 아무도 너를 정죄하지 않았느냐?"

여인이 대답했습니다.

"주님, 아무도 없습니다."

그러자 예수님은 "나도 너를 정죄하지 않는다. 가거라. 그리고 다시는 죄를 짓지 마라" 하고 말씀하셨습니다. 자칫하면 끔찍한 비극이 될 뻔했던 일을 아무런 충돌 없이 마무리 지으셨습니다. 사람들을 변화시키셨습니다. 그 여인에게 새로운 삶을 선사하셨습니다. 그 자리에 함께 있었던 사람들 모두가 평생 잊지 못할 예수님의 말씀은 촌철살인이 아닐 수 없습니다. 예수님처럼 설교할 수만 있다면 얼마나 좋을까요?

발효법을 제대로 활용하려면 시간, 공간, 그리고 인간이라는 세 화두를 깊이 생각해야 합니다. 먼저 시간과 공간에 적절한 말이 필요합니다. 수사학에서는 이를 'TPO'라고 부릅니다. 'Time'(시간)이 맞아야 시의적절(時宜適切)하다 할 것입니다. 또한 'Place'(장소)를 가려야 합니다. 마지막은 'Occasion'(경우)입니다. 성경에서는 이를 "경우에 합당한 말은 아로새긴 은 쟁반에 금 사과니라"(잠 25:11)라고 표현합니다. 그러나 가장 중요한 것은 인간입니다. 사람에 대한 따뜻한 마음이 있어야 촌철살인의 발효법을 제대로 활용할 수 있습니다. 예를 하나 들어보겠습니다.

믿지 않는 남편을 안타까워하던 아내가 있었습니다. 오래도록 눈물로 기도했지만 고집스런 남편은 요지부동이었습니다. 그래서 꾀를 냈습니다. 남편이 일찍 퇴근하는 토요일 오후에 목사님을 초청해 남편과 자연스레 이야기를 나눌 수 있는 기회를 만들었습니다. 두 사람은 바둑 친구가 되었습니다. 애가 타는 아내의 생각과는 달리 목사님이 전도는 안 하고 바둑만 두었습니다. 만남이 잦아지면서 둘은 가까운 사이가 되었지만 전도는 이루어지지 않았습니다. 그러던 어느 날 바둑이 끝나고 서로의 돌을 모아 바둑통에 넣고 나서 목사님이 한마디 했습니다.

"박 선생, 우리도 오래지 않아 흑과 백으로 나뉘어 나무 통으로 들어갑니다."

그러고는 "바둑도 잘 뒀습니다" 하고 갔습니다.

다음 날인 주일 아침 남편은 교회에 나가기 시작했습니다. 그다음 주부터 새벽 기도를 빠뜨리지 않았고, 훌륭한 장로로 시무하다 이제는 은퇴했지만 여전히 믿음의 본을 보이고 있습니다. 그 박 선생이 바로 제 아버님이십니다. 밤새도록 잠을 이루지 못한 끝에 교회 출석을 결심하게 만든 촌철살인의 한마디를 던진 분은 1980년대 서울 수유리 북서울교회를 담임했던 임종만 목사님입니다. 개인적인 이야기입니다만, 임 목사님은 제 결혼식 때도 잊지 못할 기도를 하셨습니다. 아직도 분명히 기억하고 있는 대목이 있습니다.

> 두 젊은이를 축복하셔서 자식을 주시되, 차라리 낳지 않았으면 하는 후회의 자식 주지 마시고, 있으나 마나 하는 자식도 주지 마시고, 꼭 필요한 자식, 하나님의 영광을 높일 수 있는 자식을 주옵소서. 이 부부에게 재물을 허락하시되, 너무 많아 하나님 없어도 된다 할 만큼 너무 많이 주지 마시고, 너무 없어 꾸러 다니게 하지도 마시고, 일용할 양식을 주옵소서.

감사하게도 이 기도는 그대로 이루어졌습니다. 그리고 제가 주례에 나설 때도 이 기도를 그대로 반복합니다. 저희 부부를 향한 목사님의 사랑이 느껴지는 기도입니다. 시간, 공간, 인간 가운데 가장 중요한 것은 인간입니다. 예수님은 간음한 여인까지 사랑하셨습니다. 사람을 향한 사랑이 잊히지 않는 촌철살인의 한마디를 만드는 비밀입니다.

시간, 공간, 그리고 인간과 연결해 하고 싶은 이야기가 있습니다. 2014년에 개봉해 관객 동원 신기록을 세운 영화 〈명량〉입니다. 많은 사람들은 12척의 배로 330척이 넘는 왜적을 물리친, 실로 기적과 같은 이 전투를 시간과 공간으로 분석합니다. "소용돌이치는 물살로 유명한 울돌목이었으니까", "조류가 바뀌는 시간을 잘 이용했으니까" 하는 식입니다. 그러나 다음의 명대사를 보면, 〈명량〉에서 이순신 장군이 가장 신경 썼던 것은 인간이었습니다.

만일 그 두려움을 용기로 바꿀 수만 있다면 말이다. 그 용기는 백 배, 천 배, 큰 용기로 배가되어 나타날 것이다.

명량해전은 임진왜란 때 일이 아닙니다. 1597년에 시작된 정유재란 때 전투입니다. 임진왜란 당시 이순신 장군의 수군은 전승을 기록했습니다. 이순신과 장수, 그리고 병사들은 믿음으로 뭉쳐 있었습니다. 그러나 명량 때는 그렇지 않았습니다. 원균이 칠천량해전에서 참패한 끝에 배라고는 겨우 12척밖에 남아 있지 않은 상황이었습니다. 장수와 병사들은 겁에 질려 떨고 있었습니다. 이순신이 전투에 나가자고 할까 봐 두려워하고 있었습니다. 이순신 장군이 가장 크게 고민한 것은 바로 이 점이었습니다. 이들의 두려움을 용기로 바꾸기 위해 필요했던 시간과 공간이 바로 1597년 9월 16일 울돌목이었다고 해석하는 것이 옳습니다. 동시에 이순신 장군은 왜적들의 두려움도 계산하고 있었습니다.

두려움은 필시 적과 아군을 구별치 않고 나타날 수 있다. 저들도 지난 6년 동안 나에게 당해 온 두려움이 분명 남아 있기 때문이다.

이런 생각 끝에 선택한 전략은 '일자진'(一字陣)이었습니다. 그러나 왜적의 대군이 몰려오자 조선 수군은 대장선(大將船)을 버려두고 뒤로 물러났습니다. 이순신 장군이 홀로 대군을 맞아 그야말로 죽기를 각오하고 고군분투한 끝에 다시 뒤에서 관망하던 부하 장수들이 합류해 믿을 수 없는 대승을 이끌어 내는 것으로 영화는 끝이 납니다.

저는 이순신 장군을 세 가지 이름으로 분류합니다. 임진왜란 당시 이순신은 '지장'(智將)이었습니다. 세계 최초의 철갑선, 거북선을 만들어 냈습니다. 한산대첩에서 썼던 학익진(鶴翼陣)은 세계 해전 역사를 바꿨습니다. 그리고 정보를 얻기 위해 투자를 아끼지 않았으니 요즘에도 귀감으로 삼을 만한 지장이었습니다. 명량에서 대장선 홀로 남아 '죽고자 하면 살 것이요, 살고자 하면 죽을 것'이라는 각오로 고군분투하는 모습은 전형적인 '용장'(勇將)입니다. 그러나 부하 장수들이 스스로 다가올 때를 기다려 힘을 합쳐 결국 기적적인 승리를 이끌어 낸 것은 '덕장'(德將)입니다. 저는 이를 바탕으로 "명량에서 배우는 필승 전략"이라는 교육 프로그램을 만들었습니다. 크게 셋으로 나눠 먼저 '지장으로 가는 길', 다음은 '용장으로 가는 길', 마지막으로 '덕장으로 가는 길' 순으로 조직되어 있습니다.

'설교의 조직'에서 순서와 비중은 필요에 따라 조정할 수 있다고 언급한 바 있습니다. 조직이 잘 나갈 때 리더는 지장이면 됩니다. 그러나 어려움을 겪을 때라면 용장이어야 합니다. 그러나 더 큰일을 해내기 위해서는 모두 함께할 수 있는 덕장이 필요합니다. 한 사람이 지장, 용장, 덕장 이 셋을 한꺼번에 갖추는 것은 거의 불가능한 일입니다. 이 세 가지를 모두 갖춘 사람들이 많지는 않지만 있기는 있습니다. 우리는 그들을 '영웅'(英雄)이라 부릅니다. 그러나 우리는 이순신 장군을 영웅이라 부르지 않습니다. '성웅'(聖雄)이라 부릅니다. '거룩한 영웅'이라는 뜻입니다. 그 이유를 영화 〈명량〉에서 찾을 수 있습니다. 그 답은 나중에 이야기하겠습니다.

여기에서 〈명량〉을 이야기하는 것은 이제 본격적으로 시작할 발효법과 연결시키기 위함임을 밝힙니다. 발효법의 예를 드는 일은 쉽지 않습니다. 그 이유는 결과물은 짧지만 풀어서 설명하자면 길어지기 때문입니다. 시간, 공간, 그리고 인간적 배경을 알아야만 이해할 수 있는 까닭입니다.

먼저 들 예는 얼마 전 교회에서 실시했던 자녀 교육에 대한 강의입니다. 강의 내용 가운데 필요한 부분을 직접 현장에서 말하듯 적고, 이에 대한 해설을 덧붙이는 형식으로 진행하겠습니다.

교회에서 하는 강의 가운데 가장 어려운 것이 자녀 교육에 대한 강의입니다. 전 세계적으로 유명한 대한민국 학부모들의 교육열 덕분에 어떤 이야기를 해도 쉽게 수긍하지 않습니다. 나름대로 다들 교육 전문가들입니다. 그럼에도 제가 이 강의를 맡게 된 것은 우리 아이들이 너무 힘들어하는 모습이 안타까웠기 때문입니다. 문제는 '무슨 일이 있어도 우리 아이는 일류대학에 보내야 한다'는 철석같이 공고한 학부모들의 고정관념을 어떻게 무너뜨릴 수 있느냐는 것이었습니다. 궁리에 궁리를 거듭한 끝에 발효법을 활용한 몇 가지 자료를 만들 수 있었습니다.

  인사를 마치고 나서 제가 좋아하는 김준태 시인의 "감꽃"이라는 시를 잔잔한 배경음악과 함께 소개했습니다. 그리고 나서 강의를 시작했습니다.

> 어릴 적엔 감꽃을 셌지
> 전쟁 통엔 죽은 병사들의 머리를 세고
> 지금은 엄지에 침 발라 돈을 세고
> 그런데 먼 훗날엔 무얼 셀까 몰라.

이 짤막한 시에 참 많은 우리 민족의 역사가 담겨 있습니다. 더 크게는 인류의 역사가 담겨 있습니다. 첫째 줄에는 하얀 감꽃을 세던 농경사회의 소박한 행복이 담겨 있습니다. 그 행복을 앗아 간 한국전쟁의 비극이 둘째 줄입니다. 엄지에 침 발라 돈을 세던 때는 급격한 경제성장을 이룬 산업사회 때 일입니다. 그런데 이 시의 핵심은 마지막 줄에 있습니다. 무얼 셀까 모른다는 그 먼 훗날이 바로 저와 여러분이 지금 살고 있는 정보사회입니다.

여러분은 무얼 세고 계십니까? 혹시 자녀들의 등수를 세고 계시지는 않습니까? 정보사회는 저와 여러분이 살았던 농경사회나 산업사회와 참 많이 다릅니다. 어느 길이 성공의 길인지 가늠하기 정말 어렵습니다. 요즘 젊은이들이 좋아하는 애플의 스티브 잡스와 마이크로소프트의 빌 게이츠는 모두 대학을 중퇴했습니다. 수업에 충실해 좋은 성적을 기록한 모범생이 아니었습니다. 세계에서 가장 유명한 한국인은 대통령도, 유엔 사무총장도 아닙니다. 바로 가수 싸이입니다. 부모 속을 깨나 태운 친구입니다.

사랑하는 성도 여러분, 대한민국에서 가장 힘센 종교가 무엇인지 아십니까? 안타깝게도 기독교가 아닙니다. 천주교도 아니고, 불교도 아닙니다.

대한민국에서 가장 힘센 종교는 '대학교'입니다. 대한민국에 부모는 없습니다. 다만 학부모가 있을 뿐입니다. 여기에는 예수 믿는 사람들도 예외가 아닙니다. 일류대학 진학을 위해서는 무슨 일이든지 다 합니다. 이런 부모를 최근「조선일보」에서는 자녀에게 독이 되는 '독친'(毒親)이라 이름 붙였습니다.

그러나 정보사회는 불확실합니다. 지금 이 순간도 새롭게 만들어지고 있는 세상이니까요. 이런 상황에서 이리 가라, 저리 가라 자신 있게 이야기할 수 있는 부모가 있을까요? 마치 맹인이 맹인을 인도하는 것같이 안타까운 일입니다.

오늘 이 시간은 갈 길을 밝히 보이시는 주님이 원하시는 자녀 교육 방법이 무엇일까를 함께 고민하는 시간이었으면 합니다. 제 이야기를 들으며 생각해 주시기 바랍니다. 과연 그러한지 생각해 참 이치를 깨닫는 시간이었으면 좋겠습니다.

일류대학 진학만이 살길인 것처럼 자녀들을 몰아붙이는 학부모들의 고정관념을 흔들고자 "감꽃"이라는 시를 발효법으로 요리했습니다. 다음에는 동시 하나를 보여 줍니다.

문구멍

신현득

빠끔 빠끔
문구멍이
높아간다.

아가 키가
큰다.

한지로 발랐던 전통 한옥의 방문이 생각나십니까? 아기들은 왜 자꾸 문구멍을 뚫어 댈까요? 바깥세상이 궁금한 까닭이 아니겠습니까? 모든 생명체는 생존과 성장의 본능을 가지고 있습니다. 신체적인 성장뿐만 아니라 지적인 성장 또한 본능입니다. 그래서 애들이 어릴 적에 질문이 많은 것입니다. 그만큼 애들은 알고 싶은 것이 많기 때문입니다. 이 대목에서 궁금한 것이 있으시죠? "그런데 왜 우리 아이는 공부를 싫어할까요?" 하는 질문 아닙니까? 그 이유는 분명합니다. 애들이 이런 질문을 할 때 무시한 것이 첫 번째 이유입니다. "쓸데없는 것 묻지 말고 공부나 해" 하고 무시당할 때 아이들의 지적인 본능이 상처를 입습니다.

다음 원인은 강요하는 것입니다. "이번 중간고사에서는 몇 등까지는 해야 해" 하며 몰아붙이는 것은 마치 자라나는 싹을 들어 올리는 것과 같습니다. 이를 한자로는 '알묘조장'(揠苗助長)이라 씁니다. 한 농부가 논에 나가 봤더니 자기 논의 벼가 다른 사람 벼보다 키가 작아 뽑아 올렸다는 이야기입니다. 어떻게 되었을까요? 다 죽었죠.

풍요로운 결실을 원한다면 알묘조장하지 말고 '함양'하셔야 합니다. '함양'이란 '기를 양'(養)에 물 적신다는 뜻의 '함'(涵) 자를 씁니다. 충분히 물을 줘서 키운다, 즉 천천히 자라나기를 기다린다는 뜻입니다. 사람을 물건 찍어 내듯 할 수는 없는 법입니다. 본능은 자연스러운 일입니다. 억지로 강요하는 순간 죽어 버립니다.

이 또한 동시의 의미를 파고들어 우리 현실과 연결했다는 점에서 발효법이라 할 수 있습니다. 이쯤에서 성도들의 마음에 변화가 있을 것으로 기대하기는 어려웠습니다. 틀린 이야기는 아니지만 이 각박한 세상에서 그대로 살기에는 비현실적이고 사치스럽게 들릴 수 있겠다는 생각이 들었습니다.

"여유를 가지고 믿고 기다리라"는 말에 성도들이 어떻게 반문할 수 있을까를 골똘히 생각했습니다. "믿을 만해야 믿지요. 공부할 생각조차 안 하는데요. 그러니 밀어붙이기라도 해야지요" 등과 같은 학부모들이 가지고 있는 고정관념을 흔들기 위해서는 더 깊은 곳으로 들어가야 했습니다. 그래서 다음 자료를 제시한 후 질문을 던졌습니다.

시험 공부의 7단계
1. 집에 가서 해야지.
2. 밥 먹고 해야지.
3. 배부르니 좀 쉬었다 해야지.
4. 지금 보는 TV만 보고 해야지.
5. 밤새서 열심히 해야지.
6. 내일 아침에 일찍 일어나서 해야지
7. 이런 젠장ㅠㅠ

"이 녀석 시험공부 했어요, 안 했어요?"
"안 했어요!"
"공부할 마음이 있어요, 없어요?"
"없어요!"
"공부할 마음 정말 없어요?"

이번에는 쉽게 대답하지 못했습니다. 그러고는 "마음이야 있지요. 그러나 시험공부 안 한 것은 사실이잖아요?" 볼멘 항의를 예상했습니다. 여기서 성경 구절을 인용했습니다. "시험에 들지 않게 깨어 기도하라 마음에는 원이로되 육신이 약하도다"(마 26:41)라는 예수님의 말씀입니다. 그러고는 이렇게 덧붙였습니다.

"시험에 들지 않게 기도해야 하는 줄 알지만 기도하지 못한 저와 여러분이나 시험을 보기 위해 공부해야 하는 줄 알지만 공부하지 못한 이 녀석이나 무엇이 다릅니까?"

강의가 끝난 후 많은 분들이 이 이야기를 듣는 순간 아찔했다고 말씀해 주셨습니다. 자녀 교육에 대한 고정관념은 이제 충분히 흔들었다 판단했습니다. 이제 결정타를 날릴 차례가 되었습니다.

사람의 마음속에는 언제나 두 마음이 싸우고 있습니다. '공부해야 한다, 하기 싫다', '기도해야 한다, 하기 싫다' 등 두 마음입니다. 우리는 자녀들의 가슴속에 겉으로는 보이지 않지만 공부를 열심히 해서 좋은 성적으로 부모님을 기쁘게 해드리고 싶다는 마음이 있다는 사실을 믿어야 합니다.

그리고 그 긍정적인 마음의 씨앗이 아무리 적더라도 충분히 물을 주고 자라나기를 기다려야 합니다. 믿을 만하니 믿는 것은 믿음이 아닙니다. 그것은 인정일 뿐입니다. 성경은 믿음을 이렇게 정의합니다. 믿음은 우리가 바라는 것들에 대해서 확신하는 것입니다. 또한 보이지는 않지만 그것이 사실임을 아는 것입니다(히 11:1). 지금 이 순간에도 우리 마음속에서는 믿음과 불신의 두 마음이 싸우고 있습니다. 믿음의 씨앗을 키우십시오. 겨자씨만큼 작은 믿음의 씨앗으로도 큰일을 이룰 수 있습니다.

지금까지 자녀 교육에 대한 고정관념을 흔들었다면 이제 해결 방안을 제시할 순서가 되었습니다.

세상의 부모를 둘로 나누면 '끄는 부모'가 있고 '미는 부모'가 있습니다. 무엇이 다를까요? 부모의 위치가 다릅니다. 자녀들 앞에 서면 끄는 부모입니다. 뒤에 서면 미는 부모입니다. 여러분, 쇼트트랙 경기하는 모습 보신 적 있으시죠? 릴레이 경기에서 다음 선수를 힘껏 밀어 주고 옆으로 빠지지 않습니까? 바로 그런 식입니다.

"우리 등 뒤에서 도우시는 주의 은혜에 힘입어 이 땅에서 믿는 사람답게 살기 위해 최선을 다했다. 이제 너희 차례다. 우리도 너희 뒤에서 도울 것이다. 열심히 뛰어라" 하며 힘껏 밀어 주는 모습, 멋있지 않습니까?

자녀를 끌어당긴다는 것을 한자로 바꾸면 '견인'(牽引)입니다. 아들딸을 스스로 움직일 수 없을 만큼 고장 난 차로 생각하는 부모는 견인할 것입니다. 그렇다면 유인(誘引)은 어떻습니까? 이번 시험에 1등 하면 스마트폰을 바꿔 주겠다는 식입니다.

부모님들이 많이 사용하는 이 방법의 문제점을 지적하기 위해 옛날 이야기를 꺼냅니다. 강의장에서는 교육방송(EBS)에서 만든 동영상을 보여드립니다만, 여기에서는 내용의 대강만 적어 보겠습니다.

옛날 어느 마을에 혼자 사는 노인이 있었습니다. 노인의 조용한 집 창 밑으로 언제부턴가 동네 꼬마들이 모여들어서 시끄럽게 떠들며 놀기 시작했습니다. 참을 수가 없게 된 노인은 꼬마들을 집으로 불러들여 이야기를 했습니다. 귀가 잘 안 들려서 그러니 앞으로 날마다 집 앞에서 더 큰 소리를 내 준다면 한 사람 앞에 25센트씩의 돈을 주겠다고 약속했습니다.

다음 날 아이들은 신이 나서 몰려왔고, 약속대로 25센트를 받은 후 큰 소리로 떠들며 놀았습니다. 노인은 돈을 주며 다음 날도 또 와서 놀아 달라고 말했습니다. 다음 날도, 그다음 날도 노인은 아이들에게 돈을 주었습니다. 하지만 금액은 20센트에서 15센트로, 10센트에서 다시 5센트로 점점 줄어들었습니다. 그리고 어느 날부터인가는 돈이 없어 더 이상 줄 수가 없다고 했습니다. 그러자 아이들은 화를 내며 "이렇게 적은 돈을 받고는 더 이상 떠들며 놀아 줄 수가 없어요"라고 말했습니다. 그 후 노인의 집은 평화를 되찾게 되었습니다.

물론 지어낸 이야기입니다만, 충분히 납득이 됩니다. 아이들 스스로 물러나게 만든 노인의 지혜가 대단합니다. 돈이 끼어들기 전에는 어떠했을까요? 친구들이 함께 모여 노는 것이 무척 재미있지 않았겠습니까? 그런데 이제 이렇게 적은 돈을 받고서는 놀아 줄 수가 없다고 하다니, 도대체 무엇이 이런 변화를 가져왔을까요?

이전에는 놀이 그 자체가 좋았습니다. 그러나 이제는 보상을 위한 노동이 되어 버린 것입니다. 돈이 끼어들면서 '놀기'가 '놀아 주기'로 바뀐 것입니다. 여러분, 자녀들과 놀아 주지 마십시오. 같이 노십시오. 둘이 어떻게 다르냐고요? 놀아 주는 아빠는 자녀들이 어지르면 "안 돼, 어지르지 마" 하고 외칩니다. 같이 노는 아빠는 같이 어지릅니다. 그러고는 "엄마 오면 야단맞겠다. 치우자!" 하고 함께 치웁니다. 직장인 중에도 일하는 직장인이 있고, 일해 주는 직장인이 있습니다. 놀아 주기도 싫은데 일해 주고 싶겠습니까? 모를 줄 알지만 월급 주는 사람 눈에는 보입니다. 여러분의 자녀를 공부해 주는 자녀로 만들지 마십시오. 공부하는 자녀로 만들어야 합니다. 방법이 있습니다.

예전에 명문대생 100명에게 '부모에게서 받은 도움 중 가장 유익했던 것은 무엇인가?'라는 질문으로 설문조사를 한 적이 있습니다. 무려 53명의 학생이 '격려와 칭찬'이라고 답했습니다.

그 다음, 보양식과 약품 제공, 학교와 학원 통학 시 교통편 제공, 대학과 학과 선택 시 조언 등이 그 뒤를 이었습니다. 이처럼 부모에게 받은 도움 가운데 가장 큰 것은 격려와 칭찬이었습니다. 물질적인 보상을 외적 보상이라 하고, 칭찬과 격려는 내적 보상이라 부릅니다. 외적 보상의 유효기간은 그리 길지 않습니다.

우리 아이들의 수학 성적은 전 세계 1등입니다. 그러나 수학이 재미있다고 하는 아이들의 분포는 최하위입니다. 재미있어하는 공부가 아니라는 뜻입니다. 공부를 해도, 예수를 믿어도 부모가 아닌 자신을 위해 한다는 주인의식을 심어 줘야 합니다. 그러나 칭찬과 격려도 요령 있게 해야 합니다. 잘못하면 역효과를 낼 수 있습니다.

인터넷에서 한창 화제가 됐던 시 하나를 소개해 드리겠습니다. 이 시는 실제로 어느 초등학생이 지은 시라고 합니다.

용기
넌 충분히 할 수 있어
사람들은 말했습니다

용기를 내야 해
사람들이 말했습니다
그래서 나는 용기를
내었습니다

용기를 내서 이렇게 말했습니다
"나는 못해요."

여러분의 자녀가 이런 글을 썼다면 칭찬하시겠습니까, 혹은 야단치시겠습니까? 혹시 이 아이가 분위기에 눌려 "그래요, 난 할 수 있어요!"라고 외쳤다면 어떻게 되었을까요? "그럼 그렇지, 역시 내 아들이야!" 하고 칭찬을 받았을 것입니다. 그런데 그 다음에는요? 정말 할 수 있는 능력이 생겼나요? 오히려 다른 사람을 속이고 자신까지 속였다는 부끄러움을 느끼게 될 것입니다. 자신감은 스스로 매기는 점수라고 했습니다. 그러므로 오히려 자신감을 잃게 되는 것입니다. 그리고 이렇게 몰고 간 아빠를 원망할 것입니다.

성경은 "아비들아 너희 자녀를 노엽게 하지 말고 오직 주의 교훈과 훈계로 양육하라"(엡 6:4)고 충고합니다. 자녀를 제대로 양육하고 충고하기 위해서는 제대로 평가하는 방법을 배우셔야 합니다.

여기서 제대로 평가하는 방법을 자세히 이야기할 생각은 없습니다. 자녀 교육 강의는 발효법을 설명하기 위한 예일 뿐입니다. 마치 지상(紙上) 중계하듯 길어진 이유는 앞에서 언급했습니다. 발효법으로 요리한 정보라 해서 다른 것과 확연히 구별되는 특별한 것은 아닙니다. 촌철살인의 효과를 이해하기 위해서는 특정 시간, 공간, 그리고 인간에 대한 설명이 필요한 까닭입니다. 다시 자녀 교육 강의로 돌아가 제대로 된 평가 가운데 발효법 설명에 필요한 '객관적 반응'에 대해서만 살펴보겠습니다.

객관적 반응은 이런 것입니다. 대부분 구성애 씨를 아실 것입니다. 아름다운 우리들의 성을 교육하고 있습니다만, 구성애 씨 본인은 10살 때 성폭행 당했다는 사실을 털어놓았습니다. 친오빠처럼 따르던 친구였습니다. 어느 날 집에 왔는데, 어른들이 없었습니다. 그 오빠는 성폭행을 했습니다. 그리고 가 버렸습니다. 나중에 귀가한 엄마가 딸의 표정이 심상치 않아 물어서 그 사실을 알게 되었습니다. 이때 구성애 씨 일생의 전환점이 된 어머니의 한마디가 있었습니다.

"너는 아무 잘못 없어. 그 오빠가 잘못한 거야"

어린 딸이 성폭행을 당했습니다. 엄마 가슴이 찢어졌을 것입니다. 그러나 어머니는 냉철했습니다. "너는 아무런 잘못 없어. 그 오빠가 잘못한 거야!" 어머니의 현명한 판단 덕분에 어린 구성애 씨는 불필요한 자책감을 갖지 않았습니다. '불행한 일을 겪었지만 이건 내 잘못이 아니야.' 그래서 마음속에 자신감을 간직할 수 있었습니다. 자신감이란 스스로 매기는 점수라고 했습니다. 스스로에게 떳떳했다는 뜻입니다.

다른 어머니 같았다면 어떠했을까요? "아이고, 그러니까 조심하라 그랬잖아! 소문나면 시집 다 갔다" 하며 울고불고하지 않았을까요? 이 꼬마는 지금 심각한 상처를 받았습니다. 그런데 엄마가 이렇게 말한다면 이것이야말로 이 꼬마를 두 번 죽이는 일입니다. 그러나 울고불고하는 엄마의 심정은 이해가 됩니다. 충분히 이해합니다. 이해하고도 남습니다. 그러나 동의할 수는 없습니다. 그렇게 말하면 안 됩니다. '동의할 수 없으나 공감해야 이해하는 것이다'라는 말 기억하십니까? 객관적 반응이란 이런 것입니다. '객'(客)은 손님이라는 뜻입니다.

여러분이 자녀의 잘못을 지적하거나 야단쳐야 할 때면 내 아들딸이라 생각하지 마십시오. 마치 손님처럼, 남의 집 아이 대하듯 정확하게 잘잘못을 가려 이야기하는 것이 객관적 반응입니다. 기억하십시오. 이때 한마디는 일생을 좌우합니다. 조선 후기의 실학자 안정복은 그의 문집

『순암집』(順菴集)에 "잠시라도 경중을 파악하지 못하면 한순간에 성인 혹은 미치광이가 된다"(造次失輕重 俄然判聖狂)라고 적고 있습니다. 자녀를 야단치기 전에 잠깐 멈춰 생각하십시오. 내가 성인이 될 것인가, 혹은 미치광이가 될 것인가?

여기서 다시 〈명량〉이야기로 돌아가 봅시다. 앞에서 저는 이순신 장군을 지장, 용장, 그리고 덕장으로 분류했습니다. 그리고 이 셋을 다 가진 사람을 영웅이라 부르는데 우리는 이순신 장군을 영웅을 넘어선 성웅으로 부른다고 했습니다. 이순신 장군을 성웅이라 부르는 이유는 '초요기'(招搖旗)에 있습니다. 초요기는 대장선(大將船)에서 다른 배를 부를 때 올리는 깃발입니다. 전후좌우중(前後左右中)군에 따라 색깔은 다섯 가지이지만 모양은 같습니다.

초요기

공통점이 있습니다. 모두 가운데 북두칠성이 그려져 있습니다. 대장선

이 북극성이고 부하 장수들이 북두칠성이라는 뜻입니다. 이는『논어』 "위정 편"에 나오는 "다스리되 덕으로써 하는 것은 북극성이 제자리에 머물러 있어도 모든 별이 고개 숙이고 도는 것과 같다"(爲政以德 譬如北辰居其所而衆星供之)라는 구절을 형상화한 것입니다. 임진왜란 때는 이 구절대로 이순신 장군을 북극성처럼 여기고 부하 장수들이 북두칠성처럼 그 곁을 지켜 전승의 신화를 쓸 수 있었습니다.

이제 열두 척의 배만 남은 명량해전에서는 북두칠성이 북극성을 버려두고 도망을 갑니다. "당장 초요기를 세워 다가오라 명하겠습니다"라고 하는 부장에게 이순신의 대답은 "놔둬라"입니다. 놀란 부장이 "장군!"을 외치자 그는 "닻을 내리고 전투 준비를 서둘러라" 하고 명합니다. 마치 예상이나 했던 것처럼 무심하게 말합니다. 330척의 왜선이 몰려오고 있습니다. 12척도 아닌 이젠 대장선 단 한 척뿐입니다. 도대체 왜 그렇게 말한 것일까요?

이 의문에 대한 답은 "덕으로써 다스린다"는 구절에 있습니다. 동양 철학에서 '덕'(德)은 '무위'(無爲)라고 풀이합니다. 무위는 '자연(自然)스러움'을 의미하는 것으로 '인위적(人爲的)으로 혹은 억지로 하지 않는다'는 뜻입니다. 생각해 보십시오. 두려워서 슬금슬금 뒤로 물러나는 장수들이 초요기를 보고 다가오겠습니까? 11척 가운데 몇 척은 올지도 모릅니다. 그러나 명에 따르지 않은 배들은 어떻게 했을까요? 뒤에서 관망하는 것이 아니라 아예 뱃머리를 돌려 멀리멀리 도망가 버리지 않았을까요? 어차피 항명죄로 죽을 목숨이 아닙니까? 그렇다면 대장선에 다가온 배들은 과연 전력을 다해 싸웠을까요? 완전히 겁먹은 상태에서 무슨 힘이 나겠습니까? 이날 초요기를 세워 도망가는 배들을 억지로 불러들였다면 이순신 함대는 명량에서 전멸하고 말았을 것입니다. 이순신 함대의 패배는 곧 조선의 패망을 의미합니다.

여기서 좀 더 깊이 생각해 봐야 할 점이 있습니다. 대장선을 홀로 두고 멀리서 구경만 하고 있는 부하 장수들은 왜적과 맞서 싸울 생각이 있었을까요? '그래도 대장선 혼자 고군분투하는데 함께 싸워야 하는 것 아닌가?' 하는 생각이 조금이라도, 아주 조금이라도 있었기 때문에 지켜보고 있었던 것이 아닐까요? '이 녀석 시험공부 했어요?', '공부할 생각이 없어요? 정말 없어요?'라고 했던 말 기억나십니까? 절체절명의 순간에도 이순신 장군은 부하 장수들에 대한 믿음을 잃지 않았습니다. 스스로 다가올 때까지 죽을힘을 다해 버텨 냈습니다. 부하 장수들은 이 모습을 보고 나서야 다가옵니다. 제일 먼저 도착한 안위에게 "안위야, 네가 정녕 군법으로 죽고 싶으냐" 하며 새로운 사명을 맡깁니다. 『난중일기』에도 나오는 이야기입니다. 이순신을 왜 영웅이 아닌 성웅으로 부르는지 이해가 되십니까?

저는 이 대목을 보면서 자꾸 십자가를 앞에 두신 예수님이 생각났습니다. 가룟 유다가 배반할 것도, 베드로가 자신을 부인할 것도 알고 계셨습니다. 그러나 억지로 막지 않으셨습니다. 그리고 나중에 다가온 베드로에게 "네가 나를 사랑하느냐?" 하고 물으시고 "내 양을 먹이라"라는 사명을 맡기셨습니다.

영화 〈명량〉을 본 사람 가운데 초요기를 기억하는 사람이 얼마나 될까요? 강의할 때마다 물었지만 아무도 없었습니다. 명량이라는 공간, 330척의 왜적들이 몰려오는 그 시간, 그리고 부하 장수마저 꽁무니를 빼는 모습을 지켜봐야 했던 이순신이라는 인간을 깊이 생각했다면 "초요기를 세우지 말라"라는 명령이 결코 예사롭지 않다는 것을 알아차렸을 것입니다.

사무실에 돌아오자마자 인터넷 검색을 시작했습니다. 그때서야 초요기가 어디에 쓰는 물건인지 알았습니다. 초요기에 북두칠성이 그려져 있다는 사실도 검색하고서야 알았습니다. 그때서야 『논어』 위정 편의 구절이 생각났습니다. 조선이 유교를 숭상하는 나라였다는 사실도 생각났습니다.

정보 요리는 이렇게 시작됩니다. 모든 것을 다 알고 있을 필요는 없습니다. 검색하면 됩니다. 그러나 정보 사냥을 위한 촉수는 항상 살아 있어야 합니다. 관찰과 비교 단계는 신문, 방송, 인터넷을 검색하는 것으로 가능합니다. 분석 단계의 해부법을 위해서는 책을 읽어야 합니다. 그러나 예측, 처방 단계의 발효법은 고전을 읽은 사람이라야 사용할 수 있습니다. 고전은 오랜 세월에 걸쳐 그 묵직한 능력을 검증받은 책입니다.

신문 기사를 볼 때도 이 자료의 효과가 어느 정도인지 가늠하면서 보십시오. 보도 기사는 대부분 그 시효가 오래지 않습니다. 칼럼이나 사설은 조금 더 깁니다. 기사나 칼럼에 언급되는 책이나 구절들을 능동적으로 찾아 들어가 보십시오. 땅속 깊은 곳에 묻힌 보물은 이렇게 찾아내는 것입니다. 그러나 성속(聖俗)을 연결하는 일을 위해서는 성경을 읽고 깊이 묵상해야 합니다. 자녀 교육에 관한 강의는 김영무 시인의 "연잎, 만남의 신비"라는 시를 소개하고 마쳤습니다.

> 떠돌이 빗방울들 연잎을 만나
> 진주알 되었다
> 나의 연잎은 어디 계신가
> 나는 누구의 연잎일 수 있을까

이렇게 '감꽃'으로 시작한 강의를 '연잎'으로 마쳤습니다. 이 시에 대해서는 별다른 해석을 붙이지 않았습니다. 스스로 생각할 수 있는 여지를 남긴 것입니다.

발효법에서는 유달리 시를 많이 인용하게 됩니다. 시(詩)와 산문(散文) 모두 자신을 표현한다는 점에서는 같습니다. 그러나 산문은 생각과 경험을 펼치는 것이고, 시는 오므려 응축(凝縮)시킨 것입니다. 짧은 글에 많은 뜻이 담겨 있다는 뜻입니다. 양질의 법칙이 이야기하는 단순의 경지인 것입니다. 어린아이들의 글 또한 순수하다는 점에서 우리의 목표, 즉 단순함과 일맥상통합니다.

아리스토텔레스는 『시학』에서 "시는 역사보다 철학적이다. 왜냐하면 시는 보편적인 것을 말하는 경향이 더 많고, 역사는 개별적인 것을 말하기 때문이다"라고 했습니다.

간장, 된장과 같은 장류가 많은 음식에 두루두루 쓰이는 것처럼, 시가 갖는 보편성은 시간과 공간을 뛰어넘는 촌철살인의 힘을 갖고 있습니다. 이쯤에서 발효법을 마치기에는 아쉬움이 남아 한 가지 예만 더 들겠습니다. 다음은 2000년도 경남 마산동부경찰서 하OO 계장이 쓴 칼럼입니다.

매월 오토바이 운전면허 시험을 치르는 날이면 16세를 갓 넘긴 고교생부터 주부, 노인 까지 여러 계층의 이웃들이 모인다. 늘 같은 식으로 진행되는 무미건조한 시험이지만 가끔씩은 감동을 주는 이웃과도 만나게 된다.
지난 3월 시험장에서 겪은 일이다. 감독관인 나는 문맹자들에게 문제를 읽어 주기 위해 조심스레 해당자가 있느냐고 물었더니 50대 남자 맹인이 나왔다. 깜짝 놀라 사연을 물어보니 이번 시험에 응시한 청력 장애자 친구를 도와주기 위해 나왔다고 대답했다. 감독관이 읽어 주는 내용을 수화로 친구에게 설명해 주어야 한다는 것이다. 그의 설명을 듣고 장내는 일순간 숙연해졌다. 친구는 청력 장애뿐만 아니라 양다리도 쓰지 못했다. 그러나 청력 장애자 운동 능력 측정에 합격했다는 통지서를 붙여 응시한 친구는 필기시험을 통과한 것은 물론, 곧이어 실시된 기능 시험에서도 장애인용 오토바이를 타고 당일 응시자 중 가장 멋지게 코스를 돌아 나왔다. 구경하던 사람들 사이에서는 "야, 베스트 드라이버다"라는 탄성이 터져 나왔다. 늘 "합격", "불합격"이란 짤막한 단어만 반복하던 내 입에서도 평소와는 다른 말이 흘러나왔다. "지금 들어오시는 분은 귀는 조금 어두워도 이 세상에서 가장 밝고 따뜻한 눈을 가진 분입니다. 우리 큰 박수를 보냅시다. 24번 합격!"
장내는 우레 같은 박수 소리로 가득했고 비록 듣지는 못해도 표정으로 느끼고 겸연쩍어하는 모습에서 우리는 더욱 큰 감동을 받았다. 시험이 끝난 후 두 친구가 장애인용 세 바퀴 오토바이를 타고 나가는 모습은 영화 속의 멋진 한 장면 같았다. 두 사람은 서로에게 '눈'이었고 '귀'가 되어 왔던 것이다. 이제 정식 면허증을 받은 이들이 앞으로도 신뢰 속에서 험한 인생을 '안전 운행' 해주길 기도한다.[29]

이 사연만으로도 감동입니다. 그러나 발효법으로 요리하면 더 큰 촌철살인의 효과를 얻어 낼 수 있습니다. 비교적 짧은 칼럼에 많은 설교거리가 담겨 있습니다. 이 자료 하나로 "진정한 소통이란 어떤 것인가"를 주제로 세 시간 강의한 일도 있습니다. 그 대강을 마치 강의하듯 적어 보겠습니다.

사연이 좀 복잡하지요? 시험 볼 사람은 누구입니까? 청력 장애인입니다. 그런데 이분이 문맹입니다. 경찰관이 이런 분들을 위해 문제를 불러 줍니다. 그런데 하필 들을 수가 없는 청력 장애인입니다. 그래서 친구를 데려왔습니다. 친구는 맹인이기는 하지만 들을 수는 있었습니다.

경찰관이 불러 주는 문제를 듣고 수화로 전달했습니다. 이렇게 필기 시험을 통과했고, 실기까지 성공적으로 마쳐 면허를 땄다는 이야기입니다.

둘이 언제부터 친구였는지 그 밖의 사정은 알 길이 없습니다. 그런데 만약 두 사람이 서로의 약점을 들추며 싸웠다면 어떻게 되었을까요? 할 수 있는 것이 아무것도 없었을 것입니다. 이때 만약 지나가던 사람들이 둘이 싸우는 것을 봤다 칩시다. 조롱거리밖에는 되지 않았을 것입니다. 그러나 두 사람은 이와 반대로, 너의 약점이 아니라 나의 강점을 이야기했습니다. "나는 들려", "나는 보여." 둘이 서로의 강점을 이야기한 이유가 무엇이었을까요? 둘이 함께 힘을 모아 해내야 할 목표가 생겼기 때문입니다.

"오토바이 면허 따서 우리도 세상 구경 한번 해보자!"

"좋지, 좋지. 그런데 내가 문맹이잖아. 필기시험을 못 봐!"

"야 인마, 요즘 경찰관이 문제를 불러 준다는 것 아냐!"

"오, 그래? 좋아, 좋아! 난 들리잖아!"

"난 보이잖아!"

이렇게 둘이 손뼉을 쳤지만 목표를 이루는 것이 결코 쉽지는 않았을 것입니다. 가장 힘들고 어려웠던 일은 무엇이었을까요? 맹인이 수화를 배웠습니다. 보통 사람도 수화 배우는 일이 쉽지 않다고 들었습니다. 어떻게 배웠을까요? 일일이 만져 보며 배우지 않았을까요? 그 어려움을 이겨 낼 수 있는 비결은 바로 "우리는 하나야. 네가 잘돼야 내가 되는 것이고, 내가 잘돼야 너도 잘되는 거야. 힘을 내자" 하고 서로를 칭찬하고 격려한 것입니다. 그것이 이 감동의 드라마를 만들어 냈습니다. 모든 조직은 평범한 사람들이 비범한 목표를 이루기 위해 모인 것입니다. 이들에게 비범한 목표는 운전면허 취득이었습니다. 그런데 우리의 현실을 생각해 봅시다.

부부가 싸웁니다. 대한민국 이혼율은 세계 1위입니다. 회사에서 노사(勞使)가 만나면 싸웁니다. 여야(與野)가 만나면 싸웁니다. 남북이 만나면 싸웁니다. 그러다 보니 OECD 국가 가운데 자살률이 10년째 1위입니다. 그리고 젊은이들이 결혼하고 나서도 아이를 낳지 않아 출산율이 세계 최하위입니다. 다시 생각해 봅시다. 남편도 아내도 혼자서 가정을 이룰 수 없습니다. 노도 사도 혼자 회사를 끌고 갈 수 없습니다. 여도 야도 혼자 정치할 수 없습니다. 장애인인 그들과 다르지 않습니다. 그런데 싸웁니다. 끊임없이 싸웁니다. 세계인들이 우리를 보고 조롱하지 않을까요?

우리는 머리 좋기로 소문난 민족입니다. 그리고 우리처럼 열심히 일하는 나라가 별로 없습니다. 그런데 우리 삶은 왜 이리 팍팍한 것일까요? 문제는 머리가 아닙니다. 손발도 아닙니다. 우리의 문제는 가슴입니다. 가슴속에 온통 나밖에 없습니다. 나뿐입니다.

유달리 질문이 많은 이유는 청중으로 하여금 그 시간, 그 공간의 그 사람들의 심정을 생각할 수 있도록 자극을 주기 위해서입니다. 결국은 '지금, 여기서, 강의를 듣고 있는 나'로 연결합니다.

아름다운 사연 그 자체만으로 변화를 기대하기는 어렵습니다. 이어 줘야 합니다. 시간과 공간, 그리고 인간을 이어 줘야 합니다. 2003년 경남 마산 오토바이 면허 시험장의 두 사람과 내 앞에 앉은 청중을 이어 줘야 합니다. 가슴 깊은 곳에서 폭발하는 발효법의 위력은 이렇게 실현됩니다.

이 책 앞부분에 소개한 「문화일보」에 실린 기사 중 보험 세일즈를 위해 임한기 씨가 찾아낸 '어머니'라는 킬링 포인트를 기억하십니까? 그 시간, 그 공간에 함께한 그 인간을 향한 사랑이 아니었다면 얻을 수 없는 것이었습니다.

발효법의 사용 방법을 정리하면 다음과 같습니다.

1. 오래 삭히되, 잊지는 마라.
2. 다른 장르와 합작을 생각하라.
3. 고전을 열어라.
4. 잘 모르는 분야는 전문가와 상의하라.
5. 충격적인 한 마디를 생각하라.

발효법 이야기를 마치기 전에 강조하고 싶은 내용이 있습니다. 사진 한 장으로 이야기하는 한큐법은 단순합니다. 짧은 한마디로 말하는 발효법도 단순합니다. 그러나 이 둘은 차원이 다릅니다. 시공간을 가로질러 비교해 정확한 원인을 찾고, 관련된 시간, 공간, 그리고 인간을 깊이 생각한 끝이라야 촌철살인의 톡 쏘는 맛을 낼 수 있습니다.

문제는 자료가 아니라 요리사의 실력입니다. 단순한 팩트(fact) 하나를 강력한 임팩트(impact, 충격)로 승화시키는 데는 시간이 걸립니다. 깊은 묵상이 필요합니다. 어린 시절부터 천재로 불렸던 피카소가 어린아이처럼 그릴 수 있게 되기까지 60년이 걸렸다고 하지 않습니까? 유치한(childish) 한큐법이 순진한(childlike) 단계의 발효법으로 탈바꿈하는 데는 이리도 오랜 세월이 걸립니다.

이런 과정을 거치지 않고 엉뚱한 한마디로 분위기를 싸늘하게 만드는 사람들이 있습니다. 공교롭게도 우리는 그들을 '4차원'이라 부릅니다. 너무 조급해하지 마십시오. 서두르지도 마십시오. 우리는 "너희가 돌이켜 어린아이들과 같이 되지 아니하면 결단코 천국에 들어가지 못하리라"(마 18:3)라는 구절의 의미를 새겨 봐야 합니다.

다섯 가지 요리 방법을 그림으로 정리하면 다음과 같습니다.

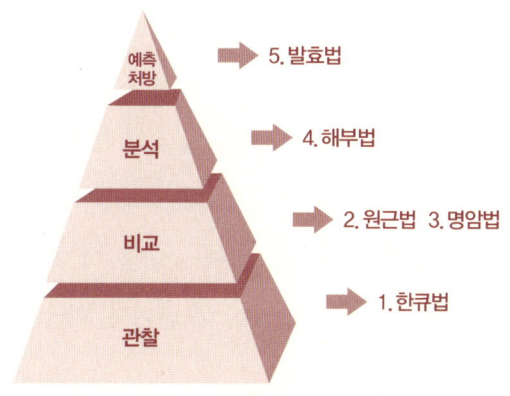

삼각형으로 표현하는 이유는 관찰에서부터 예측, 처방에 이르는 과정이 피라미드와 같아야 한다는 점을 강조하기 위해서입니다. 풍성한 관찰이 있어야 비교할 거리가 생깁니다. 비교를 통해 차이를 확인하고 난 다음에야 원인을 찾는 분석으로 나아갈 수 있습니다. 예측과 처방은 그 끝에서만 가능한 일입니다.

『삼국지』에 나오는 제갈공명이 10배가 넘는 조조의 군사를 물리치고 적벽대전에서 대승을 거둘 수 있었던 비결이 무엇입니까? 공명은 동남풍이 불어올 것을 예측하고 있었습니다. 매년 바람이 부는 시기, 방향, 속도 등을 면밀히 관찰해 온 사람의 말을 듣고 알았다고 『삼국지』에 적혀 있습니다. 이런 바탕 위에서 내려진 그의 처방은 화공(火攻)이었습니다.

부지런한 관찰로 데이터를 모아야 합니다. 잘 분류해 보관하면 설교를 위한 훌륭한 데이터베이스가 될 것입니다. 쉽게 흘려 버릴 수 있는 것, 쉽게 지나쳐 버릴 수 있는 것들을 관찰함으로써 설교의 훌륭한 재료가 될 수 있습니다.

비교 단계의 정보를 '인포메이션'(Information)이라 부릅니다. 그러나 분석 단계에 이르면 '인텔리전스'(Intelligence)가 됩니다. 정보통신부의 정보는 인포메이션입니다. 국가정보원의 정보는 인텔리전스입니다. 최정상 예측, 처방 단계의 정보는 '지혜'(Wisdom)가 됩니다. 정보는 요리한 만큼 값이 오릅니다. 그러나 신문도 읽지 않으면서 이리 가라 저리 가라 처방할 수는 없는 일입니다.

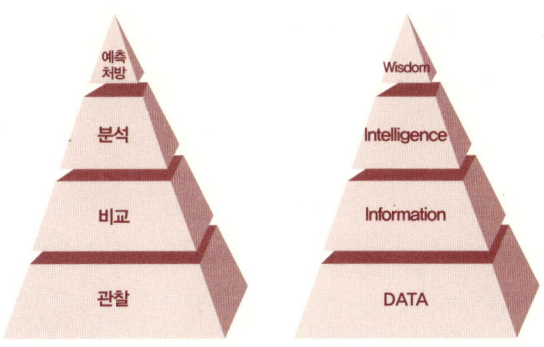

　로고스는 기획으로부터 시작해 조직을 거쳐 정보 요리의 발효법에서 끝이 납니다. 그러나 막을 내리기 전에 꼭 하고 싶은 이야기가 있습니다. 관찰 단계의 한큐법을 잘 사용하면 '재미있는 설교'가 됩니다. 비교 단계의 원근법과 명암법을 활용하면 '좋은 설교'라 할 것입니다. 분석 단계의 해부법은 '무서운 설교'로 바꿀 것입니다.

　그러나 예측하고 처방하는 발효법의 설교는 대단히 애석하게도 '욕먹는 설교'입니다. "죄 없는 자가 먼저 돌로 치라"라는 한마디에 양심의 가책을 받고 흩어졌던 사람들이 회개하고 예수님을 영접했습니까? 이들이 돌아서서 욕하고 이를 갈며 복수를 획책하는 데는 결코 오랜 시간이 걸리지 않았을 것입니다. 이는 발효법이 변화된 삶을 요구하기 때문입니다.

　죄 가운데 태어나 죄 가운데 살아온 인생들이 결코 반길 수 없는 이야기입니다. 고난의 길입니다. 환영받을 수 없는 길입니다. 그러나 이 길이야말로 예수님이 먼저 걸으셨던 길입니다. 양 떼를 위해 좋은 꼴을 준비하는 일을 소명으로 여기지 않는 자는 결코 걸을 수 없는 길입니다. 치욕과 고통의 죽음 다음에 부활의 기쁨을 확신한다면, 최후의 승리를 의심치 않는다면 사양할 수 없는 길입니다.

'욕먹는 설교'를 '욕먹는 강의'로 한번 바꿔 보겠습니다. 교육 목표를 이루기 위해 욕먹는 강의를 강행할 것인지, 아니면 좋은 평가를 위해 내용을 바꿀 것인지 생각해 볼 일입니다. 수강생의 평가에 밥줄이 걸려 있는 강사에게는 심각한 문제가 아닐 수 없습니다. 앞에서 예로 들었던 자녀 교육에 관한 강의도 그런 사례였습니다. 커뮤니케이션이나 리더십을 강의하면 기립박수를 받습니다. 그러나 자녀 교육은 아닙니다. 틀린 이야기는 아니지만 비현실적이라며 고개를 돌리는 사람들이 많습니다.

이때 저는 강의란 무엇인지, 강사는 무엇을 하는 사람인지, 그리고 수강생은 어떤 사람들인지를 생각합니다. 설교자는 설교란 무엇인지, 설교자는 무엇을 위해 외쳐야 하는 사람인지, 성도는 어떤 사람들인지를 심사숙고해야 합니다. 로고스의 끝에서 에토스를 만납니다.

| 나가며 |

이제 이 책을 끝맺을 때가 왔습니다. 무엇보다 지루한 이야기를 인내심을 가지고 읽어 주셔서 감사합니다. 제 이야기는 여기서 끝이 납니다만, 설교자의 과제는 이제부터 다시 시작입니다. 설교는 십자가와 같이 고통과 영광을 의미합니다. 성도들을 어여삐 여기는 마음과 치열하게 공부하는 모습을 기대합니다.

머리말에서 밝혔듯이 이 책의 내용은 양손에 들린 성경과 신문을 연결하는 방법론입니다. 각각 좋은 소식(good news)과 나쁜 소식(bad news)으로 그 성격은 다르지만 둘 다 정보라는 점에서는 동일합니다. 영어 'information'을 '정보'(情報)로 바꾼 것은 좋은 번역이라 생각합니다. 비정(非情)한 이 땅의 뉴스에 하나님의 사랑의 빛을 쪼여 정이 넘치는 좋은 소식으로 만드는 일이 설교자의 사명이라 믿습니다. 부디이 땅의 황폐함을 외면하지 마십시오. 성경은 무정(無情)함이 말세의

징조라 말합니다(딤후 3:3).

 잘 아는 대로 우리나라는 풍부한 천연자원을 갖지 못했습니다. 그러나 이제 무궁무진한 자원을 갖게 되었습니다. 다름 아닌 정보입니다. 가공할수록 값이 높아집니다. 관찰로부터 시작해 촌철살인의 위력을 가진 지혜로 요리하는 일은 그야말로 놀라운 일입니다. 배우지 않아도 알게 되는 것은 본능입니다. 배워야 하는 것은 지식이고, 해봐야만 알게 되는 것은 지혜입니다.

 이 책에서 이야기한 설교 작성 방법론은 수영하는 법에 비유할 수 있습니다. 수영하는 법을 배웠다고 곧 잘 헤엄치게 되는 것은 아닙니다. 일단 물에 들어가 물장구를 쳐 봐야 합니다. 물도 먹어 봐야 합니다. 잘 안 되면 다시 책을 들여다보십시오. 하루아침에 되는 일이 아닙니다. 끊임없는 연습이 필요합니다.

 『논어』 첫머리에는 "배우고 때로 익히면 즐겁지 아니한가"(學而時習之不亦說乎)라는 구절이 적혀 있습니다. 공자가 말한 학습은 단순히 배우는 것을 가리키지 않습니다. 배운 다음 시시때때로 익혀야 한다는 점을 강조한 것입니다. '익힐 습'(習)은 양 날개를 의미하는 '우'(羽) 자 밑에 '흰 백'(白) 자를 씁니다. 아직 솜털이 가시지 않은 어린 새가 어미 새처럼 날아 보고자 날갯짓을 하는 모습입니다. 한두 번의 시도로 날 수 있는 새는 없습니다. 쉽지 않을 뿐 아니라 겁나는 일입니다.

 신문과 방송 뉴스를 소재로 설교하는 일이 쉽지만은 않을 것입니다. 오늘 대한민국이 아니라 오래전 이스라엘만을 이야기하는 것이 훨씬 편안하게 생각될 수 있습니다. 그러나 포기하지 마십시오. 습관(習慣)이 될 때까지 거듭하다 보면 익숙해질 것입니다. 새로운 습관을 위한 결심은 흔들리기 쉽습니다. 동지를 구하기를 권합니다. 세 사람 정도면 힘이 있습니다. 함께 힘을 합쳐 노력하다 보면 습관이 관행(慣行)으로 굳어질 것입니다. 합쳐 보면 학습관행(學習慣行)이 됩니다. 이 책을 통해 배운 것이 행동으로 이어지기 위한 공식이라 할 수 있습니다. 배움(學)과 행함(行) 사이에 무엇이 보입니까? 다름 아닌 습관(習慣)입니다. "좋은 습관은 최고의 신하이고, 나쁜 습관은 최악의 상전"이라는 말을 기억해 주십시오.

생존을 위해 필요한 것이 본능입니다. 지식은 성공을 위해 필요합니다. 지혜는 행복을 가져다줍니다. 이 땅에서의 행복뿐만 아니라 영생복락을 위한 투자를 아끼지 마시기 바랍니다. 본능의 덕은 절제에 있습니다. 지식을 얻기 위해서는 몰입해야 합니다. 그러나 지혜는 나눔에서 그 빛을 발합니다. '열심히 공부해 남 주기에 바쁜 사람'이 바로 여러분이었으면 좋겠습니다. 아침마다 제 스마트폰에 새벽 기도를 위해 묵상한 성경 구절을 적어 보내 주는 목사님이 계십니다. 덕분에 신문보다 성경을 먼저 보게 되었습니다. 참 고맙습니다. 과연 정보사회에 살고 있구나 실감이 납니다.

베토벤의 "월광 소나타"를 아시죠? 이 곡은 베토벤이 한 눈먼 소녀에게 바친 사랑의 선물이었습니다. 베토벤은 눈먼 소녀가 아름다운 달밤의 풍경을 보지 못한 것이 너무 마음이 아팠습니다. 며칠을 고민하던 그는 한 가지 아이디어를 떠올렸습니다. '아름다운 풍광을 담자. 경치를 소리로 표현해 선물하자.' 천재적인 음악가는 달밤의 풍경들을 모두 옮겼습니다. 나무와 풀잎 위에 쏟아져 내리는 은색의 월광과 물감처럼 뿌려 놓은 황홀한 은하수 하늘에 보석처럼 점점이 박힌 빛나는 별들. 베토벤의 생각은 온통 눈먼 소녀를 향한 사랑과 배려로 가득 차 있었습니다. 어떤 작품을 만들 때보다도 많은 정성을 기울였습니다. 월광 소나타가 완성됐을 때 사람들은 칭송을 아끼지 않았습니다. '이것보다 더 아름다운 곡은 없다.' 한 예술가의 사랑과 헌신이 명곡을 낳게 되었던 것입니다. 위대한 작품 속에는 반드시 아름다운 정신이 담겨있습니다.[30]

여러분이 말씀을 전해야 할 성도들도 영적으로는 눈먼 사람들입니다. 그들에게 여러분이 알고 있는 아름다운 하늘나라의 비밀을 생생하게 전하기 위해서는 베토벤과 같은 사랑과 헌신이 있어야 합니다. 그때 비로소 여러분의 설교가 빛나는 작품이 될 수 있을 것입니다.

주

1. 문화일보, "뛰어난 상술", 2014.11.17
2. 임한기, 『평생 단 한 번의 만남』, 랜덤하우스코리아, 2007
3. 임한기, 『평생 단 한 번의 만남』, 랜덤하우스코리아, 2007
4. 임한기, 『평생 단 한 번의 만남』, 랜덤하우스코리아, 2007
5. C. 페닝톤 & M. R. 차티어, 정장복 역, 『말씀의 커뮤니케이션』, 서울: 대한기독교서회, 1990
6. 한세완, 『평신도가 갈망하는 설교』, 서울: 아가페출판사, 1999
7. 로빈 메이어스, 이호형 역, 『설득력 있는 설교의 비밀: 들을 수 있는 귀를 가진 설교자』, 쿰란출판사, 1999
8. 유홍준, 『나의 문화유산답사기 4 – 평양의 날은 개었습니다』, 창비, 2011
9. 유홍준, 『나의 문화유산답사기 4 – 평양의 날은 개었습니다』, 창비, 2011
10. 나단 아우스벨 편, 조호연 역, 『유대 예화 보고』, 크리스챤다이제스트, 1998
11. 들소리신문, 1998. 4. 26
12. 박경림, 『박경림의 사람』, 리더스북, 2008
13. John Stewart & Gary D'angelo. Together: communicating, 1980
14. 스티븐 코비, 『성공하는 사람들의 7가지 습관』, 김영사, 2003
15. 중앙일보, "다섯 개의 한국", 2013.8.29
16. 계지영, 『현대 설교학 개론』, 한국장로교출판사, 1998

17. 이재철,『회복의 목회』, 홍성사, 1998
18. 조선일보, "고교때부터 골프 서적 탐독 '전략 능력' 키워", 2009.11.26
19. 조선일보, "서울대 명강의, 스마트폰으로 본다", 2012.6.29
20. 한국경제, "신참들이 국내외공사 '수주 대박'…전자입찰시대 중기영업 새 풍속도", 2004.5.26
21. 중앙일보, "삼성물산 해외 출장 지침", 2004.1.27
22. 유홍준,『나의 문화유산답사기 - 1.남도답사 일번지』, 창비, 2011
23. 경향신문, "1000억 재산가 '데릴사위 구합니다' 공모", 2007.6.10
24. 조선일보, "60대 초반, 윗몸일으키기 1분에 21번… 20년전 40대 후반과 비슷", 2013.9.9
25. 중앙일보, "모든 대학이 정원 줄여야 … 이르면 내년부터", 2013.10.18
26. 문화체육관광부, 연설문 "처음 드리는 인사말", 2003.3.14. www.mcst.go.kr
27. 시오노 나나미 저, 김석희 역,『로마인 이야기』, 한길사, 2007
28. 조선일보, "까치가 쪼아 먹은 감이 더 단 것은?", 2014.12.4
29. 중앙일보, "[삶의 기쁨]경남 마산동부경찰서 하진형 계장", 2000.4.15
30. 국민일보, "겨자씨", 1999.5.24

사명선언문

너희가 흠이 없고 순전하여……세상에서 그들 가운데 빛들로
나타내며 생명의 말씀을 밝혀 _ 빌 2:15-16

1. 생명을 담겠습니다
만드는 책에 주님 주신 생명을 담겠습니다.
그 책으로 복음을 선포하겠습니다.

2. 말씀을 밝히겠습니다
생명의 근본은 말씀입니다.
말씀을 밝혀 성도와 교회의 성장을 돕겠습니다.

3. 빛이 되겠습니다
시대와 영혼의 어두움을 밝혀 주님 앞으로 이끄는
빛이 되는 책을 만들겠습니다.

4. 순전히 행하겠습니다
책을 만들고 전하는 일과 경영하는 일에 부끄러움이 없는
정직함으로 행하겠습니다.

5. 끝까지 전파하겠습니다
모든 사람에게, 땅 끝까지, 주님 오시는 그날까지
복음을 전하는 사명을 다하겠습니다.

서점 안내

광화문점 서울시 종로구 새문안로 69 구세군회관 1층
02)737-2288(T) 02)737-4623(F)

강남점 서울시 서초구 신반포로 177 반포쇼핑타운 3동 2층
02)595-1211(T) 02)595-3549(F)

구로점 서울시 구로구 시흥대로 577 3층
02)858-8744(T) 02)838-0653(F)

노원점 서울시 노원구 동일로 1366 삼봉빌딩 지하 1층
02)938-7979(T) 02)3391-6169(F)

분당점 경기도 성남시 분당구 황새울로 315 대현빌딩 3층
031)707-5566(T) 031)707-4999(F)

신촌점 서울시 마포구 서강로 144 동인빌딩 8층
02)702-1411(T) 02)702-1131(F)

일산점 경기도 고양시 일산서구 중앙로 1391 레이크타운 지하 1층
031)916-8787(T) 031)916-8788(F)

의정부점 경기도 의정부시 청사로47번길 12 성산타워 3층
031)845-0600(T) 031)852-6930(F)

인터넷서점 www.lifebook.co.kr